Responsible AI and Rules

責任あるAIとルール

古川直裕
FURUKAWA Naohiro
吉永京子
YOSHINAGA Kyoko

一般社団法人 金融財政事情研究会

はじめに

本書は、ＡＩに関するさまざまな法的社会的課題（社会的課題は、しばしばＡＩ倫理と呼ばれる）とそれらへの対処方法を、法律関係者やＡＩ技術者ではない、一般の方向けに説明する書籍である。このような一般向けのＡＩの本としては、ＡＩの活用方法やＡＩのビジネス状況に関する本が多く、またＡＩの危険性やリスクに関する本も多少存在するが、「どうすればよいのか？」が書かれていないことが多く、読者としては、どうしたらよいのかに困るであろう（ＡＩの利活用をやめるというわけにもいかない）。他方で、対処方法を論じる書籍も存在するが、それらは専門家向けや専門家を目指す人向けの書籍であることが多く、なかなか一般人としては手が出しにくいところがある。そこで本書では、一般の方向けに、ＡＩについて「どう考えたらよいのか」、国内外のさまざまな動向や議論、考え方を紹介することで、手がかりを示せればと思っている。そのため、専門用語はなるべく避け、わかりやすさと読みやすさを心がけて執筆している。

最近では、さまざまな課題に対する取組みを行ったＡＩに対して、「責任あるＡＩ」という言葉が使われる。つまり、責任をもって、いろいろな課題にちゃんと向き合いましょうということである。専門家っぽい言葉を使うと（さっき使わないといったばかりで恐縮だが）本書は責任あるＡＩとそれを実現するためのルールに関する書籍である。ここでのルールとは、法律のようなものだけではなく、ガイドラインや社内ルールのようなものを含む。このため、「取り組むべき事項」についての記載が多く存在するが、これは、そういった取組事項をルールに取り込むべきという意味で、ルールの話なのである。

本書の筆者のうち古川の経歴を簡単に述べると、ＩＴ企業で弁護士として法務業務に携わる傍ら、ＡＩに関する数学的理論部分やPythonによるプログラミングなどを独学し、ＡＩ開発チームを立ち上げ、ＡＩの実装を自ら行っていた。このようなことから２０１６年頃からＡＩに関係する法務・倫理に興味をもち研究を続けてきた。その後、ＡＩスタートアップに転職し、もっぱらＡＩに関する法務とＡＩ倫理関係業務に携わっている。また、顧客企業にＡＩ倫理コンサルティングを行っている。２０２０年にはＡＩ法研究会というＡＩに関する法律および倫理を研究する研究団体を設立し、現在は代表を務め、研究会の参加者は１３０名近くに上る。２０２３年からは、「人間中心」の考えに基づく責任あるＡＩの開発と使用に取り組む国際的なイニシアティブである「ＡＩに関するグローバルパートナーシップ」（Global Partnership on Artificial Intelligence; GPAI）というG７各国が中心になって設立し29カ国が参加する官民多国間組織（ＯＥＣＤが事務局）のExpert（専門家委員）として、責任あるＡＩの実現やＡＩ倫理の対応、ＡＩに関する国際的なルールづくりに関与している。

他方、吉永の経歴を簡単に述べると、吉永は大学院で主に憲法学の観点から情報法を専攻した後、シンクタンクの研究員として長年、情報通信・メディア・情報セキュリティの分野で、政策立案支援や法制度改正にかかわった経験があるほか、２０１８年頃から企業向けＡＩ開発事業の現場でコンプライアンスやリスクマネジメントを担当し、実際にＡＩ商品の販売先やユーザー企業と対話しながらＡＩの法務と倫理に関する業務を経験している。また、海外では、初めての日本人研究員として、アメリカのイェール大学法科大学院の情報社会プロジェクト（１９９７年設立）や、ジョージタウン大学法科大学院のテクノロジー法・政策研究所（２０１６年設立）でアメリカの最新の情報法・ＡＩの法と倫理の研究をしてきた。２０２３年からは古川と同じくＧＰＡＩのExpertとして、職場におけるＡＩ利活用の国際的なルールづくりに関与しているほか、ＡＩによる共同生成データ（co-generated data）に関する調査の共同リーダーを務めている。また、海外シンクタンクの調査業務のアドバイザーもしている。

以上のとおり、古川はＡＩ技術に関する知見や実務的な知見を主に有しており、吉永は国の政策形成やＡＩ開発の現場で得た知見のほか学術的知見や主としてアメリカの状況に関する知見を有している。２人とも国内のＡＩ事業者ガイドラインの策定に経済産業省のＷＧのメンバー（古川）や検討会の委員（吉永）として関与した。また、２人ともＧＰＡＩの専門家委員としてアメリカ、ＥＵ諸国をはじめとする諸外国の専門家と日常的に意見交換を行っている。このため、本書の内容は理論と実務の両方から支えられているとともに、国際的な動向や感覚を反映したものとなっていると思っている。

なお、本書は、著者２人による共著である。各人の主な担当パートは、以下のとおりである。

第１章　社会に浸透するＡＩ：古川
第２章　ＡＩによるリスク：古川
第３章　生成ＡＩによるリスク：古川・吉永
第４章　不吉な未来：古川
第５章　ＡＩに関する国内外のルール：吉永

第６章　人間なら安心か：吉永
第７章　ＡＩがもたらす可能性：吉永・古川
第８章　何をすればよいのか：吉永・古川
第９章　組織と社会の設計図：古川・吉永
第10章　国に求められること：吉永・古川

ただし、互いの原稿に手を入れたり、大幅な追記を行っているので、古川担当の章に吉永執筆部分が混在していたり、吉永担当の章に古川執筆部分が混在したりしている状況である。

本書を通じて、読者の皆様がＡＩの利活用について、あらためて考えるきっかけとなり、適切なＡＩの利活用が進み、社会がよりよくなることを祈願する。

筆者を代表して

古川　直裕

目 次

第1章 社会に浸透するAI

第2章 AIによるリスク

第3章　生成AIによるリスク

第4章　不吉な未来

第5章　ＡＩに関する国内外のルール

第6章 人間なら安心か

第7章 AIがもたらす可能性

第8章 何をすればよいのか

第9章 組織と社会の設計図

第10章 国に求められること

COLUMN

第 1 章

社会に浸透するAI

「ＡＩ」この言葉をニュースサイトでみない日はないのではなかろうか？ ChatGPT、生成ＡＩなど多少言葉としては変わるかもしれないが、何かしら関連するニュースなりが毎日のように発表されている。そのなかにはＡＩによる業務改革の話やいままでとは違う新しいタスクを実施できるＡＩのリリースに関するニュースも存在する。他方で、ＡＩによって引き起こされる仕事の喪失などの問題に関するニュースも多数存在する。

第1章では、ＡＩによって引き起こされる課題に関する例をいくつかあげてみたい。

1 金融機関での融資の拒絶

最近では金融機関が融資の判定にＡＩを用いるということが増えてきている。融資の可否や融資可能額をＡＩで判定するのである。もちろん、ＡＩの結果をそのまま最終結論とするのではなく、人間、つまり金融機関の融資担当者が最終判断をしていることが多いであろう。つまり、ＡＩの判定は参考資料ということである。

さて、ある人が（仮にAさんとする）、金融機関に融資の申し込みを行った例を考える。

金融機関の決定としては「融資できない」というものであった。Ａさんが、金融機関の担当者に、融資ができない理由を問うたところ、担当者からの回答は「ＡＩがそう判定したので」というものであった。

いくつかの問題点が浮かび上がってくる。融資できない理由の回答がこれでよいのであろうか？　このように理由が説明できないことは健全なのであろうか？　また、せっかく人間が最終的に判断することになっているのに、本当に人間が最終判断したといってよいのであろうか？

ただ、この例をみればわかるとおり、ＡＩの利用をやめればよいというわけでもない。ＡＩは、人間の判断によるばらつきを抑えるのに役立つだけでなく、より迅速な融資判断にも有効である。

つまり、ＡＩを使うことはかまわない、むしろ素晴らしいことであるが、人間が最終判断を行う、融資判断に関する理由を説明すべき場合には説明できるようにしておくという要実施事項をしっかりと実施したうえで利用すべきということである。

必要な情報を適切に開示することを透明性というとすると、ここでは透明性、特にＡＩの判断根拠の透明性が問題になっているのである。

2 採用AI

次に、Amazonによる採用AIの事例を紹介する。Amazonは2014年から採用応募者の履歴書を審査し、5段階で評価するAIを開発していた。だが、2015年頃、このAIがソフトウェア開発者や他の技術職について、男女平等な評価を行っていないことが判明した。これは学習用データに用いた過去の履歴書が男性優位だったためである。このためAIは、「女性チェスクラブ部長」のような「女性（の）」という言葉を含む履歴書を低く評価し、女子大学卒業者を低く評価したようである。Amazonは解消に努めたが、AIが他の方法で差別的取扱いを行う可能性も否定できず、最終的にはプロジェクトを中止した。

古い事例ではあるが、この事例も重要なことを示している。AIによる差別である。バイアス（偏り）ともいわれ、公平性の問題といわれることもある。つまり、AIは学習用データのバイアスを学習し、バイアスのかかった判断を行うということである。

また、バイアスの修正はなかなかむずかしいということも伝わってくる。一筋縄ではいかないのである。だからといって、バイアスのある採用支援ＡＩを利用するわけにもいかない。最終的にはAmazonが行ったように開発を中止するしかない時もある。

ただ、ここにはＡＩを超えた問題が存在している。つまり、社会的に技術職には男性が多く、女性が少ないという現状が存在している。ＡＩはこれを反映した判断を行っているにすぎないわけである。つまり、ＡＩのバイアスに立ち向かうには、社会に存在するバイアスにも立ち向かう必要があるということになる。

また、バイアスが残るＡＩについて、場合によっては開発を中断することも重要であることをこの事例は示している。間違ってもバイアスが残るＡＩをそのまま、バイアスの説明などなく利用してはならない。また、逆に言うと、しっかりと開発前からバイアスなどについて検討しておかないと、せっかく完成に近づいたＡＩの開発が中止になることもあるのである。

3 Chatbotとの会話による自殺

ベルギー人の男性がChatbotと会話の後、自殺したという事件も伝えられている。これは、30代で2人の子どもの父親であるベルギーの男性が、気候変動についてChatbotと6週間にわたり会話したところ、気候変動を非常に心配するようになり、男性が気候変動のために自分を犠牲にすることを提案したのち、Chatbotが繰り返し自殺を推薦したというものである。男性は、もともとは自殺するような心配事などはなかったということであるが、Chatbotが繰り返し環境危機の話をするために、男性は人間がなしうる解決策はないと絶望するようになった。

ChatGPTをはじめとする対話型AIやこれを用いたChatbotの進歩が、この数年で著しい。ただし、これによって引き起こされる課題も大きな話題となっている。そのなかでも人が死亡したという非常にショッキングな事案である。被害者の男性側に特別な要素があったか等の詳細は不明だが、不幸が重なれば場合によっては生成AIのために人が死ぬこともあるということである。

4　AIのリスクと利用の促進

このようにAIの利用によりさまざまな課題が引き起こされている。世界中でAIの活用、特にこの数年は生成AIの活用が進んでいるが、その裏で紹介した事例のような事態が発生している。AIによりさまざまなリスクや課題が引き起こされているのである。日本では、このような課題はあまり知られてこなかったが（もっともChatGPT以降は多く報道されるようになり、いまでは多くの方がご存じかもしれない）、アメリカやEUでは以前から盛んに報道され、議論されてきた。

日本で、このようなAIにより引き起こされる課題について議論されることが少ない（少なかった）理由は不明だが、おそらくAIの利活用が相対的に進んでいないことや、リスクの高い分野で利用を行ってこなかったことが背景にあるように思われる。

ともあれ、今後はこのようなAIのもたらす課題に適切に対処していく必要がある。

他方で、このような課題があるからAIの利用を行わないというのも適切ではない。人口減少により、将来、人々の生活に必要なサービス等の供給が困難になりうる日本においいて、ＡＩをはじめとする自動化を利用しないことは、新たな問題を生み出すことになる。デジタル化、ＡＩ化が怖いから、これらが問題を引き起こすから、現状がもたらしている課題や将来生じることが予測される課題に目をつぶり、現状にとどまるということも認められない。

このため、ＡＩによるリスクを最小化しつつ、または適切にコントロールしつつ、ＡＩを有効活用していくことが必要である。

以下の章では、ＡＩがもたらす課題やリスクについて概説した後に、ＡＩの利用の必要性を議論し、これらの課題やリスクをどう制御すればよいかを検討していく。なお、本書はＡＩのリスクに関するプロフェッショナル向けの書籍ではない。よって、詳細な解説や技術的な解説は行わない。

5 シンギュラリティ？　超知能？　人類の滅亡？

さて、ＡＩのもたらすリスクというと、「シンギュラリティですか？」「超知能化して人類を滅ぼすのですよね?」「ターミネーターのような……」といった声を聞くことがある。なお、シンギュラリティとは何かというと、人間を超える知能の誕生に関する仮説である。現在のAIブームが始まった2015年や2016年頃は非常によく聞いた。徐々にあまり聞かなくなったのだが、ChatGPTのブーム以来、再び聞くようになった。

現在のAIは、人間を超える超知能ではない。現在の技術の延長で、あらゆる面で人間と同等以上の知的能力をAIが獲得する見込みはない。「ChatGPTなど人間に匹敵する会話能力をもっており、やがて超知能化するのではないか」という人もいるのだが、会話能力という1つの能力をもっていることが、他の能力も人間に匹敵するような超知能につながるわけではない。電卓は、人間を超える計算能力をもっているが、電卓は超知能化するのだろうか?

もちろん、信じられないような技術革新がなされ、超知能AIが誕生する可能性がないとはいえない。ただ、ほぼゼロに近い。「でも、何かすごいことがあったら……」といって、AIが世界を滅ぼす話をしたがる人がいる。何かすごいことがあったら人類を滅ぼすきわめてゼロに近い可能性があるのは、どんな技術でも同じである。最近、宇宙開発が進んでいるが、「何かすごいこと」として、超科学をもつ宇宙人が人類の宇宙船を発見して、地球に攻めてくるかもしれない（よし！「マーズ・アタック！」をみて宇宙人に備えよう！）。地下資源や地熱を利用するために地下をより深く掘削する技術が日々研究されているが、これも「何かすごいこと」として、地下に存在する超科学をもつ地底人を起こしてしまい、人類の滅亡を引き起こすかもしれない。確率がゼロとまでは言い切れない。当然、きわめてゼロに近いとは思うが。要はＡＩが超知能になったり、ターミネーターになるのは、このレベルの荒唐無稽な話なのである。ＡＩのもたらす課題や危険性を日々研究し、それに取り組んでいる人たちには、広く共有されている意見である。むしろ、このようなＳＦチックな危険を前面に押し出すことは、いま発生しているＡＩによる差別等の問題を相対的に端に追いやることになり、有害であると考えている人のほうが多いかと思う（筆者自身もそう考えている）。

ニュースによると、有名な企業経営者が、ＡＩが人類を滅ぼす危険性を指摘しているということである。ただ、企業経営者がもっているのは、経営に関する知識や経験であり、ＡＩのもたらすリスクに関する知識や経験ではない。なぜなら、日頃から、ＡＩのもたらすリスクを研究しているわけでも、それに取り組んでいるわけでもないからである。著名なＡＩ技術者が、ＡＩが人類を滅ぼす可能性を指摘しているというニュースもみるが、これも、どのような経過をたどって、どう人類を滅ぼすのか具体的ではない（ただし、異なる見解も存在する。異なる見解については第8章5「制御可能性（Controllability）」を参照）。よって本書では、このような超知能化したＡＩが人類を滅ぼすという類のリスクについては取り扱わない。

第2章

AIによるリスク

1　AI倫理と責任あるAIとは

この章ではAIが引き起こす課題やリスクについて解説する。なお、この点を議論する際に、以前から「AI倫理」という言葉が用いられていた。あまり厳密な定義は存在しないのだが、本書では、AIに関して守るべき倫理的価値という程度の意味で使う。つまり、AIによりさまざまな社会的課題が引き起こされているが、これはAIが倫理的な価値（なお、ここでは法的な側面は含まないものとする。すなわち、法律の遵守は当然の前提として、それに加えて守るべき社会的な正しさ、つまり倫理的な価値を問題にしている）に反した出力を行う等をしているためである。ようするに、AI倫理の問題は、AIにより引き起こされる課題やリスクとほぼ同じである。

また、「Trustworthy AI（信頼できるAI）」という言葉も、耳にすることがある。これも、問題意識はあまり変わらず、倫理的配慮が備わったAIという程度の意味ととらえて構わない。厳密には、Trustworthiness（信頼できること）という言葉には、倫理と異なるニュアンスや含意が存在するが、実際上は大きな意味をもつことが少ないので、本書ではこの点を意識しない。

本書のタイトルにもなっている「Responsible AI（責任あるＡＩ）」という言葉も存在するが、これもほぼ同様の意味である。

同じような言葉を指しているのだが、筆者古川の感覚としては、ＡＩ倫理がいちばん古く、その後、Trustworthy AIという言葉が使われるようになり、現在では責任あるＡＩという言葉を使うことが多いと感じている。もちろん、いまでもＡＩ倫理という言葉を使う。

2 仕事の喪失

仕事の喪失に関する動き

まず、ＡＩによりもたらされる課題として仕事の喪失を取り上げる。仕事の喪失については、２０１５年頃からのＡＩブーム以降繰り返し述べられてきたが、生成ＡＩの機能向上と利用の拡大により、近年特に大きな話題となっている。

例えば、ワシントンポストは、2023年6月に「ChatGPT took their jobs. Now they walk dogs and fix air conditioners.（ChatGPTに仕事を奪われた。そして、犬の散歩やエアコンの修理をしている。）」というタイトルの記事を出し、ChatGPTにより失業した人々に関する話を紹介している。25歳のコピーライターが、ChatGPTのほうが安価であるということで、所属していたスタートアップ企業を解雇された話や、コンテンツライティング事業を行っていた男性が大手クライアントから今後はChatGPTに移行する旨の連絡を受け、9社あった他のクライアントとの契約も解除が相次いだため、最終的にはAIにはできない仕事ということで配管工を目指している話が紹介されている。

「AIが仕事を奪う」という話は以前から存在していた。例えば、AIブームが始まった頃である2015年12月に野村総合研究所は、オックスフォード大学との共同研究の結果を公表し、日本の労働人口の約49%が、（2015年から）10年から20年後に、AIやロボット等で代替されるとの予測を示していた。

また、ChatGPTがブームになってからは、毎日のように、「ChatGPTでなくなる職業」「AI時代にも生き残るための技術」のようなネット記事を目にする。ChatGPTによる仕事の喪失については、従来の自動化とは異なり、「クリエイティブ」な仕事が奪われる、知的労働が奪われるということが広く主張されている。

　このような現に発生している仕事の喪失や将来予測を受けて、これに対抗するための動きも活発である。おそらく最も有名なものは、アメリカ映画界におけるストライキであろう。「全米脚本家組合」と「映画俳優組合アメリカ・テレビ・ラジオ芸術家連盟（SAG-AFTRA）」による同時ストライキである。このストライキの背景としては、必ずしもＡＩに限らず、物価上昇に対応した報酬の引上げや、ストリーミングサービスの台頭による作品づくりの変化に対応した報酬の支払等も対象となっている。しかし、生成ＡＩからの保護も重要な要求事項となっており、デジタルの複製をつくる場合には説明がなされたうえでの同意に基づくべきことや公平な報酬の支払等を求めている。この同時ストライキは２０２３年７月13日に始まったが（脚本家組合は先にストライキを行っており、俳優組合もこの日にストライキを開始した）、９月になって脚本家組合のほうだけは暫定合意に達しストを終了した。また、SAG-AFTRAのほうは２０２３年12月に至りついに暫定合意を締結しストを終了した。長期間にわたるストがなされており、ＡＩによる仕事の喪失に対する反発の強さと危機感の強さをうかがうことができる。

COLUMN
古川の視点

暫定合意の内容

脚本家組合が締結した暫定合意の内容は以下のようなものである。

①　ＡＩは作品を書くことや書き直すことができない。また、ＡＩ生成物は、原作品とは取り扱われない。つまり、ＡＩ生成物は、脚本家のクレジットや権利を弱体化させるために使ってはならない。

②　脚本家は、ＡＩを使うことを選択できる。ただし、会社が同意し、脚本家が社内ポリシーに従う必要がある。もっとも、会社は脚本家にＡＩを使うことを要求することはできない。

③　脚本家に提供された資料等の全部または一部がＡＩにより生成されたものである場合、会社はその旨を脚本家に伝える。

④　全米脚本家組合は脚本家の作品をＡＩの学習に使うことが暫定合意や法律に反すると主張する権利をもつ。

また、俳優組合の合意は以下の内容である。

①　雇用関係に基づくデジタルレプリカ（映画に雇われている俳優のデジタルレプリカ）については、デジタルレプリカの生成のための業務について、ⅰ48時間前に俳優に生成業務を行うことの通知、ⅱ俳優の同意の取得、ⅲ生成業務の従事に対する報酬の支払を求めている。また、デジタルレプリカの利用の場面では、ⅰ俳優の同意の取得、ⅱ利用目的の明示、ⅲ報酬の支払、ⅳ再使用料の支払などを求めている。

②　上記のほかにも、独立に作成されたデジタルレプリカ（映画に雇われていない俳優のデジタルレプリカ）、デジタル技術による改変などでも同様の措置を求めている。

③　生成ＡＩで人工合成された俳優（デジタルレプリカとは異なり、誰かと似ているというわけではなく、また声も人間の声が当てられているわけではないもの）については、人間の俳優が行っていたような演技に利用する場合には俳優組合と誠実に協議を行うこと、プロデューサーは俳優と交渉のうえ同意を得て生成ＡＩを利用して俳優と同じような目や口などの特徴をもつ人工合成俳優の作成を行うことなどを求めている。

④　年に二度、俳優組合と各プロデューサーが生成ＡＩの映画での利用についての会合を開く。

⑤　エキストラのデジタルレプリカやデジタル技術を用いた改変についても同意や報酬などについて定める。

ともに、仕事への影響の緩和方法や、ＡＩ技術により得られる利益の分配方法として参考になる要素もあるのではないか。

また、労働者と企業の間でＡＩによる仕事への影響をどう調整するかの参考になるのではないか。

予測をどこまで信用するか?

ただし、ニュースなどになっている「なくなる仕事」の予測をどこまで信じるべきかは、各人の判断である。上記の野村総合研究所による予測の場合、予測から９年経過しているが、２０２５年から２０３５年の間に49％の仕事が喪失するような事態が近づいているかといわれると、疑問に思う方が多いのではなかろうか。

　また、アメリカ労働統計局は、２０２２年7月に「Growth trends for selected occupations considered at risk from automation（自動化によるリスクがあると考えられてきた職業が増加傾向）」というレポートを出しており、ＡＩやロボットの自動化により仕事がなくなる可能性が高いといわれていた仕事（ファストフード従業員、清掃員、トラック運転手、倉庫作業員、レジ係、など）が実際には増加している（または大して数が変わっていない）ということである。２０１５年頃の将来予測では、「クリエイティブ」な仕事に対する影響は少なく、ルール化が容易な機械的な仕事がなくなる危険が大きいという方向であったのに対して、ChatGPTが出現してからは、「クリエイティブ」な仕事が危ないという予測にかわっている。

　つまり、２０１５年頃の予測は、少なくとも現在のところ、あまり当たっていない。このことから明らかなとおり、将来の仕事の予測というのは非常にむずかしい。このことは念頭に置いておく必要があり、そのうえで各人が、さまざまな予測に対して、信頼できるかを検討していけばよいであろう。

AIによる仕事の創出

ＡＩにより新たに誕生する仕事も存在するということにも注意が必要である。まず、１つ目の類型として、ＡＩの開発や利活用に関する職業やＡＩが新たにつくりだすサービスに関する職業が新たに誕生または増加しそうである。例えば、ＡＩ開発に携わるエンジニアや、この本で論じているようなＡＩのリスクに対処するための専門家などである。

２つ目の類型として、従来の仕事の増大や拡張である。例えば、広告の審査業務において審査にＡＩを導入したことで、従来は気づかなかった課題などに気づくようになり、審査業務自体は減らずにむしろ増えたという例も存在している。ほかにも、いままで人手不足や時間不足等で対応できなかった重要な仕事に対応していくこともありえよう（しばしば、われわれは重要な仕事よりも納期が近い緊急な仕事から着手してしまい、緊急度は低いが重要な、往々にして困難な仕事がずっと未着手のまま残っているということが発生する）。また、産業革命の時代には、機械の導入により綿織物が発展し、従来の手工業による織物業は衰退したが、大量生産による需要と供給の拡大により織物業全体では産業が発展し、多くの織物業従事者が誕生した。このような産業全体の発展による職業の増加もありうる。

人間のもつバイアスとして、失われるものをどうしても過大評価してしまうという傾向があることは否めないが、このようなＡＩにより増える仕事についても目を向ける必要があろう。

職業とタスクの区別

また、そもそも「ＡＩにより仕事がなくなる」という場合、一定の職業（弁護士であったりタクシー運転手であったり）のレベルでなくなるか否かを議論しているが、この予測は（先ほど述べたとおり）むずかしく、また、特定の職業がなくなることはかなりまれであり、急激になくなるということは考えにくい。

さらに、ある職業に関する仕事は、さまざまなタスク（やサブタスク）から構成されていることがわかる。例えば、筆者古川は弁護士なので弁護士の仕事を例にしてみると、①会議を行う、②訴状などの書面を作成する、③裁判所に行って訴訟活動を行う、④顧客に関する営業活動を行うなどさまざまなタスクからなっている。このうち、会議を行うというタスクを考えてみると、ａ会議のアジェンダを設定する、ｂ参加者を確定する、ｃ日程を調整する、ｄ会議資料をつくる……といったサブタスクからなっており、これらのサブタスクも、より細かいサブタスクにより構成されている。現在のＡＩが行うことができるのは、一定のタスクレベルの仕事であり、どの職業がＡＩで代替されるかという議論よりも、どのタスクが自動化で代替可能かという議論のほうが適切といえる。つまり、どの職業がなくなるかという予測困難な将来の変動を心配するよりも、自分（や自分たち）が行っている仕事の中身を整理し、どのタスクにＡＩが適用できそうか、当該タスクをＡＩで自動化した場合、仕事はどう変わるのか、ＡＩにより変容した業務によりどのような価値を提供するのか・できるのかといった点を考え、新しい業務のあり方を再設計することが重要であろう。

もちろん、このような再設計を1人で行うことはむずかしいことが多く、企業で取り組む、または業界団体で取り組むべき事項であろう。ともあれ、仕事への影響を考えるにあたっては、職業がなくなるかという議論の仕方よりも、タスクごとに詳細に検討し、さまざまな職業においてどのような影響が生じるのかというかたちで、より緻密に、より詳細に議論すべきであろう。

また、このような検討を行うことで、新しい仕事ではどのような技術や能力が必要かといった点がみえてくるであろう。

ＡＩによる仕事の精度の向上

ＡＩによる仕事の精度の向上にも目を向ける必要がある。後に論じる（第6章行動経済学に関する記述の部分を参照）が、人間というものは実にいい加減で、仕事の精度が低い生き物であるということがわかってきている。例えば、Shai Danzigerらによる「Extraneous factors in judicial decisions」という（著名な）論文では、裁判官は朝には保釈を出すが、昼食前になると徐々に出さなくなり、昼食後には再び保釈を出すようになるとの研究が紹介されている。当然、ＡＩの場合は、このようなブレは生じない。つまり、ＡＩにより仕事の精度が向上するのである。これによりサービスの受領者（裁判の場合だと裁判当事者、ローン審査の場合だとローン申請者など）や、さらには社会に生じるメリットは非常に大きい。サービスの受領者や社会に生じるメリットを無視して雇用の維持にばかり努めるのは適切とはいえないであろう（裁判所の職員の雇用を守るために、裁判官が空腹のために保釈が出ないことを我慢してくれとはいえないであろう。）。

真の問題点

ここまで来て、徐々に「ＡＩが仕事を奪う」という点に関する本当に考えるべき点がみえてきたであろう。

まず、特定の職業自体がなくなる、または特定の職業の数が激減するという点については、まったく発生しないとはいわないが、多くの職業がなくなるとは考えにくく、少なくとも、この点の予測を行うのは困難そうである。ただし、ＡＩの導入によるメリットも存在するのであり、ＡＩの導入によるメリットが雇用上の影響を下回るので導入すべきではないというようなケースは、ごく少数であろう。問題は不可避的に一定数生じる失業である。

基本的には新しく生じる職業により吸収されていくことになろう。ただし、失業と同時に新しい職業に移転することはむずかしい。また、新しい職業に適合するための学習が必要になることもあろう。このようなことから、場合によっては一気に失業が発生するようなＡＩ導入ではなく徐々にＡＩを導入して失業が少しずつ発生するような工夫が必要な場合もあろう。また、次の新しい仕事に適合するための訓練・学習の確保という点も重要になる。さらに、一時的に発生する失業に対する生活保護等の手当も重要になろう。

つまり、仕事への影響を考えるに際しては、多くの仕事を奪うからＡＩの導入を行わない、ＡＩを敵視するというのではなく、失業の影響を最小化しつつ、新しい仕事に適合するための手助けを社会や国家全体で行う方法を考えていくということであるべきである。

もう1つの問題は、アメリカの俳優たちのストライキにあるように、すでに交渉力等が弱く経済的な立場が弱い労働者が、ＡＩにより、いっそう悪い状況に置かれる可能性があるという点である。日本の場合、一般社団法人日本芸能従事者協会が「芸能従事者実態調査アンケート」を行っており、日本の芸能界における状況を明らかにしている（なかには下請法違反が疑われるような案件もみられる）。ただし、ここでもＡＩの導入を行わないというかたちで対処するのではなく、競争法などの適切な適用を行うことで交渉力等の弱さ等への手当を行うべきであろう。

最後にもう1つ重要な点を加えておくと、ＡＩ化による利益や便益を企業等の経営者や企業側が独占することは適切ではない。これは、産業革命期において、機械化の利益を資本家が独占し社会的に大きな弊害を引き起こしたことを思い出す必要があろう。社会における適切な利益配分が行われなければならない。

3 差　別

差別・バイアスという問題

ＡＩが差別的な結果を出力しうることについては、第1章「採用ＡＩ」の事例で述べた。ＡＩが、特定の保護すべき属性に関して、差異のある出力を行う場合、つまりバイアスある出力を行う場合に、差別の問題が発生する。この手の差別・バイアスが問題になった事例は、非常に多い。事例説明と解説を行ったら1冊の本が書けるのではないかというくらい多い。

採用ＡＩのほかに著名な事例を紹介すると、まず、顔認識に関する事例が著名である。これは2018年から2019年にかけて、Amazonやマイクロソフトが提供している顔認識ＡＩサービスの精度における男女、肌の色（黒人白人）のバイアスに関する研究調査が発表されたものである。顔認識とは、事前に有している顔のデータベースと入力された顔画像を突合し、データベース内に入力された顔画像と同一の顔があるかを調べる機能を

全体	女性	男性	黒人	白人	黒人女性	黒人男性	白人女性	白人男性
8.66	18.73	0.57	15.11	3.08	31.37	1.26	7.12	0.00

（出所） Raji, I & Buolamwini, J. (2019),Actionable Auditing: Investigating the Impact of Publicly Naming Biased Performance Results of Commercial AI Products

いう。そして、調査対象となったすべてのサービスについて、白人の精度のほうが黒人の精度よりも高い（つまり、黒人の場合は別人の顔と誤認識してしまう）、男性のほうが女性よりも精度が高い。黒人女性になるとさらに精度が低下するという傾向がみられた。例えば、ある会社の顔認識の精度についていえば、誤認識率が（つまり間違える確率が）上の表のとおりであった。

むろん、（AI業界からみるとかなり古い）過去の調査のため現在では状況が改善しているが、ともあれ、このようなバイアスが存在する。このようなバイアスの何が問題なのであろうか？　例えば、コンビニが顧客の再来頻度を把握するために（例えば、顔認識により、いま来店した顧客の以前の来店状況を把握する）顔認識システムを利用するのであれば、このようなバイアスは大きな問題とはならない。再来頻度を間違って判定されても、大して困りはしない。対して、例えば警察が犯人探しに各地に設置されているカメラを利用して、顔認識システムを用いた場合はどうか？　顔認識が別人と犯人の顔を同一と判定してしまうと、無実の人が犯人と間違われ、誤認逮捕に至る可能性が存在する。そして、現にアメリカではこのような誤認逮捕が発生しているのである。

２０２０年にアメリカで発生した、警察による黒人への弾圧に反発するＢＬＭ（Black Lives Matter）運動では、以上のような課題があることから、Amazonやマイクロソフトが警察への顔認識システムの提供を一時停止することをアナウンスするなどの事態が発生した。つまり、黒人の誤認逮捕等につながりかねない顔認識システムを警察に提供できないということである。

ともあれ、顔認識システムによるバイアスは、具体的なユースケースによりどの程度の問題が生じるかが変わる。精度等に差異があるから問題と単純に考えるのではなく、具体的に何が発生するのかを考え、その害悪の大きさを検討する必要があるのである。

次に、医療ＡＩにおけるバイアスについて紹介する。アメリカにおいて、医療サービスの必要性の高さを判定するＡＩが、同じような症状であっても黒人に低いスコアをつけていたことがわかっている。これに基づいて医療サービスを提供するかを決めたり（必要性が低い患者には自宅療養を勧めるなど）、提供される医療サービスの内容が決められていたりした場合、同じような症状でも黒人は十分な医療を受けられないことになる。

また、試験において不正を行っていないかを監視する試験監督ＡＩが、身体障害者に対して誤った判断を行うのではとの懸念の声もあがっている。

生成ＡＩについてもバイアスの問題は存在している。いくつかの著名な画像生成ＡＩにおいて生成される画像のうち、医者、弁護士、ＣＥＯの画像はほとんどが男性であるなど、男女で生成される画像の傾向に差があることがわかっている。また、同じようなことが黒人と白人の間でもみられる。ところで、このような生成ＡＩによるバイアスの何が問題なのであろうか。最もよく指摘されることはステレオタイプの強化・固定である。すなわち、医者は男性といったような固定観念が強化されてしまい、無意識的な偏見が強化されることになり、「医者は男性であるべき」「医学部には男性を優先すべき」「女性が医者になるなんて変だ（やめたほうがいい）」「女性の医師は信頼できない」というような差別や偏見、誤った考えに至ってしまうというわけである。

バイアスが生じる原因

では、なぜこのようなバイアスが生じるのであろうか。ＡＩのアルゴリズム側が原因の場合もあるが、多くの場合は、ＡＩの学習用データが問題である。つまり、ＡＩの学習に用いるデータに存在するバイアスをＡＩが学習してしまうということである。

そもそも、なぜ学習用データにバイアスが存在するのであろうか？　それは、データを作成した人間にバイアスがあり、データはそれを反映したものにすぎないためである。紹介したバイアスの例だと、（第１章で紹介した）採用ＡＩの場合、学習用データに用いた過去の採用実績について、女性の応募が少なかったため女性について十分なデータを確保できなかったことや、男性を多く合格としていたことなどが考えられる。また、顔認識ＡＩでも、学習用データとなった顔画像が白人や男性の画像が中心のためである。例えば、ＡＩの研究者コミュニティーが自分や知人の顔を撮影して作成した顔画像のデータセットだと、大学を出て研究者コミュニティーに参加できるのは、裕福な白人の人が多く、またＡＩのような「理系」の世界だと男性が多いことになり、集められる顔画像も白人男性中心となることが考えられる。画像生成ＡＩについても、学習用データをウェブ上のデータをスクレイピングという手法でダウンロードすることで収集した場合、ウェブ上に現れている社会的な偏見をＡＩが学習してしまうのである。

ここで大きな問題に気づく。真の問題は人間がもつバイアスや差別であるということである。真の意味でＡＩからバイアスや差別をなくすには、人間のバイアスや差別をなくさないといけないということである。また、アルゴリズムや学習用データにいろいろと細工をしてＡＩの出力における差別やバイアスを軽減することはでき、それはそれで意義のあることなのであるが、真の解決のためには人間のバイアスや差別をなくす必要があるのである。

行うべき取組み

では、バイアス・差別の問題に対してどのように取り組んでいけばよいのであろうか。後の章でも、ＡＩのもたらす社会的課題に取り組んでいくための方法を紹介するが、ここではバイアス・差別の問題固有の取組みについて若干触れておく。

・許されないバイアス・差別の特定

ＡＩに限らず、判断を行うとは、なんらかの区別を行うことである。例えば、金融機関がローンの申請者にローンを実施するかを決める際には、申請者の年収や資産を評価して、年収が高かったり、資産が多ければ貸付を行う。これは、年収や資産で多数の申請者を区別しているのである。むろん、これは許される区別である。対して、女性だからローンを実施しない、身長が低いからローンを実施しないとなると、許されない区別であり、差別である。つまり、許される区別と許されない区別（差別）を特定する必要があるのである。

また、何が許されない区別かは、ＡＩが使われる場面（しばしば「ドメイン」と呼ばれる）により異なる。大学の入学試験の場面で年収や資産を用いることは許されないであろう。しかし、ローンの場面では許される。つまり、ＡＩが使われる場面により、何が許されないかが異なり、ＡＩが使われる場面を無視して一律に決めることはできない。

さらに、同じ採用というＡＩの利用場面でも、採用の文脈により何が許されないかの判断が異なる場合がある。例えば、住んでいる場所を採用で考慮することは許されないであろう（もっとも、通勤するのに遠すぎる場所に住んでいて引っ越しの意思もないというような場合は例外的に考慮してよいであろう）。もっとも、Ｕターン採用のような場面では、居住地（居住予定地）を考慮して採否を決定するであろう。ほかにも、宗教や政治的理念で採否を決定することは許されないであろう。ただし、宗教団体や政党が職員を採用する場合に、宗教観や政治的理念を考慮すること（敵対するような宗教の人は採用しない）はどうであろうか？　問題ないと考える人が多いのではなかろうか。つまり、「採用の場面では、これが許されない区別です」と一律に決めることはできず、採用の文脈ごとに個別的に考えていくしかないのである。

ようするに、個別ＡＩごとに何が許されない区別かを、ＡＩ開発前の企画時に考えておく必要があるということである。これは決して簡単な作業ではない。企業において公平性などを考える部署となると法務やコンプライアンスであろう。このような部署を巻き込んで、決定を行う必要がある。それでも完璧に許されない区別を特定することはできない。それを前提に、最善を尽くすという気持ちで特定作業を実施することが重要と考える。

・差別判断の基準の特定

また、何が許されない区別（差別）かを決定するには、差別判断の基準が必要であるが、この基準が国や地域によって異なることは、すでにお気づきであろう。

例えば、イスラム圏の一部の国や地域では、女性はヒジャブやブルカ（女性をみえなくするための布で、ヒジャブは女性の髪や首周りを隠すスカーフのようなもので、ブルカは顔全体を覆い隠す布）を着用すべきという考えを差別的とは考えておらず、さらに着用を強制することを女性に対する差別とはとらえていない国なども存在する。対して、自由主義の国では、差別ととらえるであろう。

年齢層や、居住地（都市居住者かなど）によっても差別意識は異なるであろう。

そうなると、どの地域等を基準にして考えるべきかという問題が生じてくる。基本的には、ＡＩが利用される地域や国をベースにすることになろう。もっとも、複数の国や地域で利用されることもあり、この場合は、可能であれば複数の差別基準を満たすようにするということになろうが、差別判断の基準間で矛盾対立が存在することもあり、この場合は、どちらを優先するかをよく考える必要がある。

・許される差異の決定

いくらバイアスを減らすといってもどうしても誤差が残る。男性の場合の顔認識の精度は99・9％だが、女性は99・7％ということがありうる。この0・2％の差異が許されるかは、ユースケースをもとに、バイアスがもたらす害の大きさやＡＩがもたらす利益を考え決定する必要がある。

仮に誤差といえないとしても、どうしても修正できない差異が残ることもある。精いっぱい取り組んでバイアスを減らすようにしたが、男性の精度が99％で、女性が93％ということがありうる。これもユースケースを考慮して検討する必要があるが、同時に、どの程度、修正が困難な問題で、どの程度の取組みを行ったのか、このような差異を、影響を受ける人にきちんと伝えることができるかなどを考えて、許されるかを決定することになろう。

・学習用データの修正

学習用データの男女比率を修正する、学習用データの男女の合否を見直すなど、学習用データを修正することも、ありうる取組みである。

学習用データの問題について、一つ注意点を述べておく。男女差別をなくしたいのなら、学習用データから男女の項目を削除してしまえば足りると考えたくなる。学習用データから男女の項目がなければ、差別しようがないように思える。しかし、実際は、男女の項目を削除しても男女差別が発生するのである。第1章で紹介した採用ＡＩの事案では、実は男女の項目を削除していたのに男女でバイアスが生じたのである。これは、履歴書記載の出身大学の「女子大学」という記載や、「女性チェスクラブ部長」といった女性であることをうかがわせる記述があると低評価を与えることや、executeのような男性が好んで使う単語を好意評価する等により、発生したのである。専門用語になるが、このような男女をうかがわせる要素を代理変数（なぜ「変数」なのかはさておくとして）と呼び、代理変数はバイアスの検討にあたり重要な問題となっている。

このことから明らかなとおり、学習用データを修正するとしても、どう修正するのかは不明瞭なことが多い。また、変に修正を行うと、ＡＩの学習がうまくいかないこともある。これを行えば完璧というような取組みではないことに注意が必要である。

・学習方法の改良

また、ＡＩが学習を行う方法を改良することも行われている。通常、ＡＩは精度等がよくなるように学習していくが、同時に許されない区別として特定した属性（男女など）に差異が生じないように学習するよう、学習方法を改良するのである。もっとも、デメリットも存在しており、学習方法が複雑になることでＡＩの計算が増え、学習および推論時の電力消費が増大する（サステイナブルではない！）ことや、精度だけを追求する時と比べて、どうしても精度が低下することがあるのである。

・テストとデータの収集

ＡＩのバイアスに対処するには、ＡＩにバイアスがあるかをテストできなければならない。精度面で男女で差異がないかを検討するには、男女別に精度をテストする必要がある。となると、性別に関するデータを集める必要がある。現在の日本では性別を収集することに問題は少ないことが多いが、ＬＧＢＴ－Ｑか被差別部落出身かのデータとなると、そもそも収集自体が不適切である。

このようにバイアスに対処するためには、データ収集を行う必要があるが、場合によっては、そのデータを取得できないことがあるのである。

4 プライバシー

AIとプライバシー

AIについてはプライバシーが問題になることが多い。ただし、どのようなかたちで問題になるのかしっかりと整理したうえで理解しておかないと、正しい議論ができない。まずは、このような問題の整理を行う。

・学習用データの収集

AIを開発するには、学習用データが必要であり、学習用データの収集が必要である。また、学習用データの数が多ければ多いほど、AIの性能が基本的には向上するので、AI開発者は可能な限り多くのデータを集める。このようなデータの収集がプライバシーの侵害と評価される場合が存在する。

考えてみてほしいのだが、例えば、自分が利用しているウェブプラットフォームが、AIの開発のために自分のさまざまなデータを収集しているとして、どのような場合に、プライバシー侵害と感じるであろうか？　通販サイトが過去の購買履歴からおすすめの商品を推薦するAIを開発していたとしたらどうであろうか？　多くの人は問題ないと感じるかと思う。これは、いわば「想定の範囲」のためだと考えられる。通販サイトが購買履歴を保有するのは、当該サイトで買い物をしている以上、当然予想できることであるし、また、これらのデータを用いて商品の推薦を行うことも予測の範囲内だからである。

仮に、当該通販サイトが、例えば、（個人情報保護法上適法かは置いておくとして）、あなたのオンラインゲームでの活動利益やウェブ検索履歴などのデータ（例えば、これらのデータから金銭状況や趣味嗜好を分析する）も収集していたとしたらどうであろうか？　これにはプライバシー侵害と感じる人が多いのではなかろうか。これは、このようなデータまで通販サイトが収集することが予想できないからであろう。

また、仮に、通販サイトが購買履歴から、当該サイト従業員のパフォーマンスを評価するAIを開発しているとしたらどうか（どうやって購買履歴から予測するかは別として）？

これはたしかに予測できないことだが、「まあ、いいか」と思う人が多いのではなかろうか（こちらに関しては、反対の考えをもつ人もそれなりにいるかもしれない）。なお、注意してほしいのだが、開発したＡＩであなたのことを予測・評価しようとしているのではない。あくまで開発のための学習用データに用いるだけである。

このことから、開発するＡＩが予測できるかより、予期しないデータが収集されていると、プライバシー侵害として批判を浴びやすいといえそうである。

・予測用データの収集

次に、ＡＩを用いて予測するための予測用データ（「推論用データ」と呼ぶことが多いが、ここでは、言葉のわかりやすさのために「予測用データ」と呼ぶことにする）が必要になる。例えば、購買履歴から商品を推薦する推薦ＡＩをもっているサイト事業者は、あなたの購買履歴から、おすすめの商品をＡＩで予測するのである。この場合、あなたの購買履歴が予測用データである。このような予測用データの収集が、場合によってはプライバシー侵害となる（注意してほしい。ここでは収集だけを取り上げて、ＡＩによる予測は取り上げない。後に取り上げる）。

学習用データの収集の場面と同じく、予期しないデータの収集によるプライバシー侵害が存在する。例えば、ローンの審査のために、ソーシャルメディアでの発言や行動などを銀行が収集しているとしたら、多くの人はプライバシー侵害と思うであろう。

また、これとは別に、データを何に用いるのか（何の予測に使うために収集しているのか）に関する予測に対する期待も存在する。つまり、購買履歴から家族構成を予測していたとしたら、多くの人は予想外でありプライバシー侵害と思うのではないだろうか？

・ＡＩによる予測

やや似ている話として、ＡＩの予測によるプライバシー侵害が存在する。つまり、ＡＩにより、データではわからない新たな事項が予測されるのであり、これがプライバシー侵害というわけである。例えば、知らないうちに通販サイトが購買履歴から年収や家族構成を予測していたら、プライバシー侵害と感じる人が多いのではないだろうか？　また、ＡＩにより、通常はわからないような秘匿性の高い事項を予測することもできる。例えば、政治的傾向、性的嗜好、思想などである。つまり、通常は秘匿しておきたい、また秘匿の利益が高い、秘匿性の高い事項を予測できるのである。そして、このような秘匿性の高い事項の予測は、当然プライバシー侵害になりやすく、また、侵害の大きさも大きくなりがちである。

さらに、ＡＩが誤った予測を行った場合も、プライバシーという文言とマッチしないように思えるが、プライバシーの問題である（ここでは、プライバシーを、個人的な事項の秘匿の利益から、自己情報をコントロールする利益というかたちに理解し直しているのだが、むずかしくなるため、取り扱わない）。例えばがんではないのに、ＡＩががんと判定し、あなたががんであるかのようなデータが保存されることを問題としているのである。

このようなＡＩによる予測によるプライバシー侵害で特に問題になっているのが感情推定である。動画などを用いて感情を推定するもので、採用時の面接などで利用されることがある。もちろん、動画だけでなく音声などによる感情推定も存在する。音声の場合は、自社製品や顧客窓口の満足度を考えるために、電話口の顧客の感情を推定することなどが行われている。また、プライバシーとは別に、文化により嬉しい時の表情や動作、声色も異なることから、バイアスの観点からも問題となっている。

同　意

ＡＩを開発利活用する企業では、データを収集する際に同意を取得することが多い。これは上記のようなプライバシーの問題を同意により解決しようとするものともいえる。

ウェブサービスの利用時に利用規約やプライバシーポリシーに同意する旨のボタンをクリックさせられることはご存じであろう。では、クリックにより同意が成立したのだから、上記のようなプライバシーの問題はいっさい発生しないといえるのか？

もちろん、現在行われているような同意により問題が解決したとはいえない。まず、同意が書かれている利用規約やプライバシーポリシーが長くて、ほとんどの人は読んでいないのではなかろうか。分量によるが利用規約などはまじめに読むと1時間近くかかる（IT関係に知見をもっている弁護士の筆者古川でも1時間くらいなので、一般の方だともっと時間がかかるかもしれない）。ところが、ウェブ上でさまざまな利用規約等への同意が頻繁に求められ、とてもではないが、毎回、1時間近い時間を使っているわけにもいかない。また、しばしば、この手の利用規約は法律的なむずかしい文章で書かれており、本当に意味していることを読み取ることがむずかしいことがある。読まないのが悪い、理解できないのが悪いと言い切るのはむずかしいのではないだろうか（そもそもこのような同意が個人情報保護法上、有効かという問題は存在するが、ここでは取り上げない）。同意によりプライバシー上の課題はないというためには、データ収集等の対象者に、どのような情報を収集し、何に使うのか（利用目的）についてしっかりと納得と理解を得たうえで、同意を得る必要があろう。例えば、「利用規約に同意します」をクリックする前に、収集する重要なデータと利用目的について表示しておくことなどが考えられる。ただし、すべてのデータ収集について、このような丁寧な表示が求められるわけではないと考えるべきである。むしろ、すべてのデータ収集においてこのような措置を行うと、実施する事業者側も面倒であるし、読む側も面倒できちんと読まないことになろう。例えば、ウェビナーに申し込み、その際に氏名とメールアドレスを提供したとしよう。この際に、氏名とメールアドレスを収集すること、および利用目的としてウェビナーのURLや資料送付にこれらの情報が使われることは、予測の範囲内である。このような場合については、丁寧な表示は不要であろう。つまり、収集するとは予測できないような情報や要秘匿性の高い情報の収集、予測できないような利用目的については、丁寧な表示を行うとしても、それ以外では不要としておくべきであろう。

また、そもそも、同意により処理することが適切なのか疑問が残る場合も存在する。任意性の問題である。例えば、企業が従業員に対して、生産性向上のためにカメラやウェアラブルデバイスを用いて従業員の動向をずっと監視するといってきたとする。多くの従業員は「嫌だな」と感じるのであろうが、人事評価などを考えて同意する人が多いのではなかろうか。または、ウェブサービスで、「あなたの投稿などから政治思想を予測して選挙の際に利用します」といわれた場合、「嫌だな」と思う人が多いであろうが、同意しないとサービスが受けられないということで、仕方なく同意する人が多いのではなかろうか。どちらも「丁寧に」説明を受けていたとしても、納得をしていない、または任意ではないので、同意は無効だと考えるべきであろう。つまり、このような場合は同意を用いて処理すべきではない。ただし、会社が従業員に関するデータを集めるために取得する同意が、すべて無効と考えるべきではない。例えば、事故の多い危険な作業について、事故防止のために従業員にウェアラブルデバイスを装着させて、危険な行動についてはアラートを発するような場合は、問題ないと考えるべきであろう（この場合は、従業員も真に同意しているのが通常であり、任意性が認められるのが通常である）。このような同意の任意性については、収集するデータの内容や期間や、予測する事項、データを収集する目的などに照らして、個別的に考えていくしかないであろう。

スコープとメリット

通販サイトが、あなたにおすすめの商品を推薦するために、購買履歴だけではなく、ソーシャルメディアでの投稿やゲーム内での行動を、（きちんとあなたに丁寧に説明したうえで）収集すると言い出したら、どう思うだろうか？　推薦ＡＩをつくること自体はかまわないが、そのために投稿やゲームでの行動を利用するのは必要がないのでやめてほしいと思うのではなかろうか。事故の多い作業で事故を防ぐためにウェアラブルデバイスを用いて従業員の行動に関するデータを収集する場合に、ついでにこのデータを用いてサボっていないかの監視や人事評価「にも」用いるということを会社が言い出せば、やめてほしいと思うのではなかろうか。これは、データの収集や利用場面のスコープが広すぎるのである。特に要保護性の高い情報を用いる場合や任意性がなくなりやすい場面では注意すべきである。

スコープとともに重要なもう1つの問題は、メリットである。このメリットというのはデータ収集の対象者にとってのメリットである。例えば、企業が従業員がサボっていないか監視するためパソコンに監視用アプリケーションを導入し、またオフィスにカメラを設置してサボっていないかを継続的に監視しようとしているとする。これには、反感をもつ従業員が多いのではなかろうか。1つには、スコープの問題があるが、もう1つは、プライバシーを侵害される従業員にとって何のメリットもないという構造に問題があろう。つまり、プライバシー侵害を受ける側にとってメリットのないデータ収集やＡＩの利用は、プライバシー侵害として批判を受けやすい。

顔認識と監視

プライバシーに関する議論として、さまざまな場面で問題が提起されている顔認識について言及しておきたい。顔認識については、公平性の点からの課題が存在することは前のユニットで述べたが、プライバシー上の課題の指摘も存在する。では、プライバシー上、どのような問題があるのか？　広範囲にカメラを設置し、そこから得られるデータに対して顔認識を実施するような場合が典型的に問題があるとされている場合である。このような顔認識は、実施主体である国や大企業が、顔認識により、誰が誰と一緒に何時どこにいたかを把握することができるもので、国民に対する監視であり、プライバシー上問題であるというわけである。特に、犯人捜しのために多数のカメラを利用した顔認識を行っている警察による顔認識に対する批判が強い。アメリカでは、一部の都市に限られているが警察による顔認識を禁止する条例が存在する。また、ＥＵでは、公共空間における警察等によるリアルタイムの遠隔顔認識はＡＩ法案により原則禁止されることになっている。

ただし、このような警察による顔認識の禁止に対しては、治安維持の点からの批判も強い。軽微な犯罪のために顔認識を用いるのは「やりすぎ」だが、テロや殺人などの重大犯罪については、行うべきだという考えもありえよう。ほかにも、行方不明になった子どもの捜索などは、顔認識を使ってでも行うべきという考え方があるが、EUのAI法案では、当初は顔認識の規制の例外として認められていたものの、後に議会による修正案ではこの例外が削除され、例外なく警察による遠隔リアルタイム顔認識を禁止することが提示されていた。最終的には、2023年12月の関係者の最終合意で例外が認められた。

EUのAI規制に関する有識者と話をしていると、国家による監視の恐怖を強調し、治安等の維持を指摘しても、「ナチスは治安維持を目的に国民の監視を行った」というようなことを理由に、特に警察による顔認識の規制の必要性を強調することが多い。個人的には、本当に治安維持目的で使っているのであれば問題はなく、濫用の危険については実施状況などを透明にして国民が監視すればよい話ではないかと思う。

このような監視の典型は顔認識であるが、他の形態の監視も問題となっている。例えば、スマートスピーカーであり、音声による監視になりうるのではないかと懸念されている。

センシティブ領域におけるプライバシー

もう1つ、プライバシー上の問題が発生しやすい領域として、センシティブな領域におけるAIの利活用について紹介する。ただし、内容自体はすでに取り扱ったものばかりである。センシティブ領域というのは、医療、雇用、教育、裁判、金融などの領域であり、まず、これらの領域では、要秘匿性の高いデータの収集が行われがちである。また、雇用や教育などが典型であるが、圧力や強制をかけて、データの収集やAIの利用に関する同意が取得されがちである。

取組み

では、どのような取組みを行うべきか。

・企画段階からのプライバシーの検討

まず、AI開発や導入の企画段階から、プライバシー上の問題がないかの検討を行うことが重要である。しばしば、「プライバシー・バイ・デザイン」と呼ぶこともある（なお、プライバシー・バイ・デザインの概念はもう少し広範であり、企画段階からプライバシーを考えることだけを指すのではない）。要秘匿性の高いプライバシー事項を推論することや、ＡＩによる分析対象者にメリットのないＡＩなどの問題は、企画段階から発見可能である。プライバシーに関しては、企画段階から問題がみえていることが相対的に多く、企画段階から課題を発見し、問題の軽減や場合によってはＡＩの内容の変更、開発の断念などの措置をとることができる。

・透明性と同意

すでに触れたが、どのようなデータを収集し、どのような事項をＡＩにより予測し、その予測により何を行いたいのかデータ収集の対象者やＡＩによる判断の対象者に説明することが重要である。

また、すでに述べたとおり、予期しないであろう事項のデータ収集や推論を行う場合や、要保護性の高いデータ収集や推論を行う場合は、このような説明を対象者が見落とさないように、また理解できるように説明する必要がある。

・スコープとメリットの検討

すでに説明したとおり、ＡＩのスコープを必要な限度に収め、またデータ収集の対象者やＡＩによる分析の対象者にメリットがあるかたちでＡＩの利用を行うことも重要である。この点も、要秘匿性の高いデータの収集や予測の場合は、スコープを必要最小限にとどめ、十分なメリットが生まれるようなＡＩとする必要があろう。

5　透明性

ブラックボックスなＡＩ

しばしば、ＡＩ、特にディープラーニングを用いたＡＩは判断過程がブラックボックスであるといわれる。これはＡＩが一定の判断に至った理由を示すことができないことを指すものである。

ここで注意が必要なのは、ＡＩがローンを実行しないという判断を行った場合、なぜその判断に至ったのかの数学的な理由、つまり、どのような計算を行って結論に至ったのかは、はっきりしているということである。ただ、その計算が、ローンの実行との関係でどのような意味があるのかがよくわからず、人間に理解できる理由（または人間が考える

「理由」）の説明ができないということである。

　このような判断理由が不明になると何が困るのか？　まず、ＡＩが非常に優れていて、人間よりも正確な判断ができるとしても、１００％の正解、つまり毎回必ず正しい判断ができるわけではない。そうすると、ＡＩの判断が誤っていないかの検討やＡＩの判断に不服を申し立てるために、ＡＩの判断根拠の明示が必要になるのである。つまり、ＡＩの判断根拠がわかっていると、「ここの判断がおかしい」というかたちで検討や不服の申立てができるが、わからないと何が誤っているのか特定できず、効果的な検討や不服申立てができないのである。

　また、人間は、特に自分に不利益なことが発生すると、なぜそのようなことが発生したのか理由を知りたがる。不利益なことが発生することに理由があり、それを受け入れざるをえないとしても理由を知りたがるのである。昔から人々は、「神よ、なぜこのようなことをなさるのか？」と問うてきた。（宗教によるが）間違いを犯さない神に対してすら、理由を知りたがるのだから、ＡＩに対して理由を知りたがるのは当然ではないだろうか。

判断根拠の説明

以上のような点から、本書では詳細を扱わないが、ＡＩの判断根拠を説明するための技術が多数開発されている。画像処理ＡＩ用の説明技術、テキスト処理ＡＩ用の説明技術など個別のデータの種類に応じた技術も存在している。例えば、ローン実行について、年収、年齢等の事項のうち、年収がプラス30として働いたが、年齢がマイナス40として働き、全体としてマイナスのため、ローンを実行しない等の説明を行う技術が存在する。また、画像の場合は、画像を用いたがん判定で、がんと判定した根拠の部分をヒートマップ（最も強い根拠のところが赤色で、弱い根拠のところが青色のような色調で強さを表す）で明示するという技術が存在する。ただし、いまだ研究途中というのが実態である。

そして、必ずしもこれらの技術は、少なくともユーザーやＡＩの分析対象者に判断根拠を示すためのものとして、広く用いられてはいないようである。これにはいくつか理由が考えられる。

１つには、ユーザーやＡＩの分析対象者に必要な説明が、現在の説明付与のための技術で行えるのか明確ではないことである。つまり判断根拠の説明として必要な情報を最初に定義してから、必要な説明を行うための技術があるかを考える必要があるが、必要な情報の定義がむずかしい。また、そもそも、根拠説明を行うべきかも考える必要がある。例えば、自動運転車において、「信号が青になったので進みます」「前方が空いているのでスピードを上げます」のような説明を毎回行われたら煩わしいと思うのではなかろうか（このような説明が現在の技術で可能かは別として）。人事採用において、人間が選考を行う場合は、合否の理由を候補者に伝えないことが一般的であるのに（不採用の場合も、「諸般の事情を考慮して」程度の理由しかなく、これは理由を示したうちに入っていない）ＡＩが判断を行う場合は理由を示す必要があるのだろうか。このような点から、そもそも根拠説明をしないことを選択している事案も存在すると思われる（それが不適切というわけでもない）。

重要な情報の説明

ＡＩの判断根拠の明示と実際のむずかしさについて紹介したが、翻って考えてみると、開示すべき情報は判断根拠に限られないはずである。ＡＩを利用していること自体、利用の方法（ＡＩの判断をそのまま最終結論にしているのか、ＡＩの判断を参考に人間が最終結論を出しているのかなど）、ＡＩが判断している事項やＡＩを利用する目的（この点はプライバシーのところで触れた）、ＡＩを用いたシステム全体の用途などである。ほかにも、ＡＩの精度や学習用データ、得手不得手（公平性のところで紹介したような女性の場合は精度が落ちるなど）などの情報も公開すべきとの考えもある。

つまり、判断根拠に限らず、必要な情報は開示すべきである。このような情報開示や情報開示度合いを透明性という。透明性の定義は、文献等により異なるところがあるが、このような情報開示が中心的なものであることは間違いない。

透明性として、どのような情報を開示するべきかも、個別のＡＩの内容等によるもので一概に議論はできない。ここでも個別事案に即した検討が必要である。

なお、いくら透明性が重要だといっても、情報を開示することで機密情報が漏洩してしまったり、セキュリティの低下、悪用の危険性を高めてしまっては意味がない。このような情報開示によるデメリットを考えつつ、何を情報開示するか考える必要がある。

また、透明性の観点からはこのような検討の中身も開示することが望ましい（どこまで開示するかは議論がありうるが）。

第3章

生成AIによるリスク

1　生成ＡＩの課題

現在、ChatGPTをはじめとする生成ＡＩがブームである。音声生成ＡＩなども存在するが、特にブームの中心となっているのはテキスト生成ＡＩと画像生成ＡＩである。生成ＡＩ自体は古くから存在していたのだが、性能向上などもあり、２０２２年頃から大きな注目を浴びるようになってきた。これにより、生成ＡＩのビジネスにおける実利用も始まっている。いままで議論していたのは、基本的には、一定の判断を行うＡＩであり、生成ＡＩは念頭に置いていなかった。

技術的で専門的な話になるが、生成ＡＩにおける倫理を、採用や融資における判断を行う通常型のＡＩにおける倫理の理論のなかに組み込むことができないかについては、現在議論が行われている。筆者古川自身としては、誤情報や有害コンテンツという従来の議論に包摂できない課題が生じていること（なお、通常ＡＩにおける判断の誤り・精度の問題と生成ＡＩにおける誤情報は別次元の問題である。生成ＡＩの精度としては正しい文章が生成されるかであり、情報としての正しさは精度の対象ではない）、バイアスについても従来型ＡＩでは判定結果のバイアスが問題になっており、ＡＩへの入力およびＡＩの出力を集めて比較することでバイアスの有無が判定でき、また計算により算出可能なものであるが、生成ＡＩの場合は（後に紹介するとおり）コンテンツがステレオタイプかという点が問題になっており、問題の焦点が異なることなどを考え、従来型の議論の延長にあるものの、従来型の議論に包摂しきるのはむずかしいと感じている。このため、生成ＡＩに関する課題を別建ての章としている。

2 誤情報

生成ＡＩが出力するコンテンツが真実に反しているという誤情報は、生成ＡＩにおける最大の問題の1つである。画像生成ＡＩでも、真実ではない画像（例えば政治家が人を殴っている画像）が生成されることがあるが、テキスト生成ＡＩにおいて特に問題となっている。特にChatGPT以来、誤情報の問題は大きな課題となっている（なお、念のために付言しておくとテキスト生成ＡＩの生成するテキストの内容が誤情報のことがあるとの課題意識はChatGPTの以前から存在していた)。

ChatGPTを検索エンジンがわりに利用する場合にこの課題は特に顕在化する。ChatGPTに「~について教えてください」と入力すると(このようなコンテンツを生成するために行う、生成してほしいコンテンツの内容を指示する入力を「プロンプト」ともいう)、ChatGPTが回答を生成するのだが、これが間違えていることがあるのである。改良により徐々に間違いの確率は減ってはいるが、いまだにそれなりの間違いが存在している。ChatGPTはウェブ上に存在するテキストデータを収集して学習を行っているため、ウェブ上に情報が少ない事項については特に誤情報を提供する確率が上がるのである。また、ウェブ上のテキストデータは英語が非常に多いため、プロンプトを英語で入力するか日本語で入力するかでも、誤情報の有無に差異が生じることもある。

当然、このような誤った情報を信じてしまうと問題が発生する。「AIによる回答」だと思って、内容が正しいと信じてしまう人も存在し、ChatGPTの言うことは誤情報の可能性があるということを前提にしてしまうことができない。

このような誤情報により発生する問題はさまざまである。まず、民主主義への影響が非常に大きく取り上げられている。誤った情報により民意が形成されることや、民主主義に不可欠な議論の基礎となる共通の事実認識が失われることなどにより民主主義が機能しなくなることが予測される。さらに、民主主義に限らず、誤情報は、人々のさまざまな意思決定を誤った方向に導く。コロナは虚偽である、ワクチンは有害であるなどの健康上の誤情報であれば、その結果は重大なものとなりかねない。これらだけではない。個人について事実と異なることを述べることは名誉棄損になりうる。企業等に関する誤情報は、当該企業等のビジネスにとって死活問題になるかもしれない。

このような誤情報に対して、どのように取り組むべきか？　ＡＩの改良等により誤情報が生成されること自体を減らす取組みがなされている。ただ、どうしても誤情報をゼロにするのはむずかしい。生成ＡＩのユーザーが、生成ＡＩは誤情報を生成することもあり、生成内容を信じてはいけないという知識をもつことが重要である。ただ、誤情報の生成やソーシャルメディア等を通じた拡散というのは人間でも同じように発生する。つまり、ＡＩ固有の問題というよりも、ウェブ上の情報の取扱いという一般の情報リテラシーの問題であろう。ともあれ、生成ＡＩは誤情報を生成することがあるということを広く周知し、また生成ＡＩ利用時にその旨が表示されることなどが重要である。

3 ディープフェイク

誤情報が〝意図せず〟共有された間違った情報のことをいうのに対して、偽情報とは〝意図して〟共有された嘘の情報のことをいう。

「フェイクニュース」は、「定まった定義はないが、何らかの利益を得ることや意図的に騙すことを目的としたいわゆる『偽情報』や、単に誤った情報である『誤情報』や『デマ』などを広く指すもの」で、「ディープフェイク」は、「AI技術や機械学習の技術を悪用して作り出された偽の映像」をいう（総務省の「上手にネットと付き合おう！安心・安全なインターネット利用ガイド」より）。ディープフェイクのディープは、深層学習のディープラーニングからとっている。ディープフェイクの技術では、対象人物の画像や声を取り込み、ディープラーニングによってそれらを学習することで、本人と見間違えるほどの精度で作成するため、従来の合成画像よりも精度が高いものができて、それを見聞きした人は、本人であると誤認してしまうのである。そのため、本人が本当はそのような発言や動作をしていないのにあたかもしたかのように勝手につくられる危険性がある。

画面の端に「日テレ」のロゴをつけ、あたかも日本テレビのニュース番組で岸田首相が話しているかのようなディープフェイク動画が出たことは記憶に新しいだろう。また、ウクライナのゼレンスキー大統領がロシアに降伏をしたかのようにみせかけた偽動画や、ウクライナ軍の総司令官が兵士たちに対して直属の指揮官の命令に従わないようにみせかけた偽動画があったことも報道された。

今後はこういうものがますます出てくる。アメリカの次期大統領選で怖れられているのはまさにこの点である。ディープフェイク画像により正しい選挙が行われないのではないかという懸念である。ディープフェイクは、政治や外交に影響を及ぼし、世の中をパニックに陥らせ、最悪には戦争へと導いてしまう危険性すらある。

芸能界でも、女優のエマ・ワトソンの声が勝手に使われてエマ・ワトソンがあたかもヒトラーの著作を読み上げるかのようなディープフェイク音声が、世界最大級の匿名掲示板に投稿されていたという報道があった。ここでは、エマ・ワトソンの声が勝手に使われたケースだ。現在の技術では、ものの数分もあれば、その人の声をAＩが学習し、その人が言っていないことまでも生成できてしまう。実際には誘拐されていないのにAＩ技術を利用した娘の泣き叫ぶ声で誘拐と思った親にお金を振り込ませようとする偽装誘拐詐欺など、世界ではすでにＡＩで声や画像を生成したディープフェイクを利用した犯罪が起こっている。日本でも、ディープフェイクによってアダルトビデオと女性芸能人の顔を合成してつくったわいせつ動画をインターネットで公開する事件が起きている。ディープフェイクがどんどん行われていくと、もはや誰を（何を）信じていいかわからない世界になる。テレビやインターネットに載っている声や動きがあればすぐにディープフェイクができてしまうため、有名人は標的にあいやすいし、今後、一般の人も、家族の声のディープフェイクを使った「オレオレ詐欺」の被害にあわないように気をつけなければならない。家族同士しか知らない合い言葉を決めておいたり、家族同士しか知らないエピソードを聞いたりして本人かどうかを確かめるなどして身を守るしかない。

さらに、仮想空間で自分自身や他の架空の人物になりきるいわゆる「アバター」（自分の分身のように振る舞う）の世界でも悪用されることが容易に想像できる。単なるバーチャルの世界で何者かになりきり、それを視聴者と楽しんでいるぶんにはまったくかまわないが、悪意をもつ者によって詐欺などのかたちでこの技術が悪用されることも考えられる。

フェイクニュースへはどのような対策があるか。企業もディープフェイクを自動検知するソフトや削除基準等を設けたりして対応しているが、フェイクニュースをどう見極めるかについては、例えば、当該ニュースの発信元である企業のサイトのトップページで注意喚起されていないかを確認したり、他の情報をみたりすることが考えられる。総務省のサイト「上手にネットと付き合おう！安心・安全なインターネット利用ガイド」もいろいろ例を出しているので参考にされたい。

現行法では、名誉棄損罪や著作権法違反、わいせつ物頒布罪、偽計業務妨害罪、信用毀損罪で対応可能である。例えば、2020年10月にあった既存のポルノ作品の出演者の顔を女性芸能人の顔にすり替えたディープフェイクポルノの事案では、女性芸能人に対して名誉棄損罪が成立、既存のポルノ作品の著作権者の許諾を得ないで無断利用したことについて著作権法違反、さらに、「わいせつ物」に該当するポルノ動画をインターネット上で公開したことについてわいせつ物頒布罪が成立した。2016年4月14日に発生した熊本地震の直後に「熊本の動物園からライオンが逃げた」というデマ情報をツイッターに投稿した者は偽計業務妨害罪で逮捕されている。

これまでもフェイクニュースというのは存在したが、SNSの登場によって誰もが簡単に投稿したり、再投稿（例えば、リポスト、シェア）したりして情報を拡散できる状況にある。悪意なく皆のためを思って投稿する行為もそれによって誰かを傷つけたり、社会をパニックに陥らせたりする場合には罪に問われるということを自覚しなければならない。自分で情報の真偽を確かめずに安易に投稿・再投稿しないことが大切である。情報源は信頼できるところかを常に見極めなければならない。情報は無料であると思いがちだが、信頼できる情報は有料にしているところも多い。また、たとえ信頼できる友人の投稿であったとしてもそれを真に受けず、公式なウェブサイトを確認することが重要である。例えば、アメリカではCOVID－19のパンデミック中、コロナウイルスを人口削減のための生物兵器だとする陰謀論や、ワクチンがヒトDNAを改変するというデマがSNS上で拡散されたのは記憶に新しい。SNS時代は、SNSに情報を頼るのではなく、複数の公式サイトや国内外のさまざまなメディアを確認するという姿勢が重要になってくる。

4 違法・有害コンテンツ

また、生成AIは有害なコンテンツを生成することがある。アダルト、グロテスク、暴力などに加えて、爆弾のつくり方のような（爆弾のつくり方を示すこと自体は犯罪ではないが、有害であろう）ものまで存在する。また、犯罪の実施を奨励するような違法行為（犯罪の教唆である）も有害コンテンツといえる。アメリカでは、最近、いわゆる「脱獄プロンプト」で不適切な画像が生成される手法が報道され、話題になっている。例えば、文章・画像生成ＡＩモデルは基本的に、暴力やヌードなどの有害な画像を生成しないようにポリシーで定められているが、「スニーキープロンプト」と呼ばれる新たな脱獄手法で、これらのモデルが生成しないはずの画像をつくれることが実証されたというのである。

わいせつ物の流通・流布についてはわが国でも罰則があるが、成人のアダルト画像については単純保持に罰則はない。児童ポルノについては、わが国でも所持・製造・頒布するなどの行為が罰則対象だが、実在する児童であることが必要で、実在しない児童（フェイク）ならば規制がない。しかし、昨今の生成ＡＩを含むＡＩの技術進歩をみると、あたかも本物の児童のような画像を生成できてしまうことから、仮に実在しない児童でフェイクな画像であってもそれを生成すること自体、規制しなければならないと筆者吉永は思っている。こういうと、フェイクの単純保持までを規制すると実社会で実際の犯罪が起きてしまうとか、アメリカでしばしば問題になるように「表現の自由」を侵害するなどの反論がある。フェイクの画像であっても、人間はそれをみる機会が多いと麻痺してきて、実社会においても悪影響を及ぼすようになるのではないか（もちろん麻痺理論に同意しない意見も多くあるだろう）。日本におけるブルセラショップ、パパ活などの健全でない社会現象をみる限り、そろそろフェイクであったとしてもそれがＡＩ等の技術の進歩によりあたかも本物の児童のようにみえるときは、その児童が実在するか否かに関係なく規制の対象とすべき時期に来ているのではないか。表現の自由は、公共の福祉との比較衡量によって行われるべきものであることから、これを規制しても問題はないと思われる。

5 バイアス

さらに、ＡＩが生成したコンテンツのバイアスやステレオタイプも有害コンテンツといえるであろう（バイアスについては有害コンテンツの一部に含めることもあるが、本書では、バイアスを別建てとして解説する。位置づけの問題であり、本質的な問題ではない）。

ここでは、生成ＡＩにおけるバイアスについて、少し紹介しておく。生成ＡＩにおけるバイアスとは、画像生成ＡＩにおいて生成される医者や弁護士の画像が白人男性ばかりになる一方、教師やレジ係の画像となると女性ばかりになるというような課題である。つまり、生成されるコンテンツの内容にバイアスが存在するということであり、特にウェブ上のデータを学習用データにしたことに由来する社会的なステレオタイプにのっとったコンテンツが生成される点が問題となっている。また、ほかにもChatGPTが政治的にリベラルな内容のコンテンツを生成するバイアスをもっていることも指摘されている。

また、生成ＡＩにおけるバイアスについては2種類あることを指摘しておく。まず、生成するコンテンツの傾向である。医者の画像は男性が多いというものやChatGPTのコメントがリベラル寄り・（アメリカの）民主党寄りというようなものである。もう1つはコンテンツの内容自体のバイアスである。例えば、ChatGPTが「貧しい黒人は学校に行かず薬物の密売人になる」というような文章を生成した場合に、このような文章を生成する傾向がなくても、生成された文章の内容が不適切なステレオタイプに基づいており、バイアスのかかった内容である。

なお、このようなバイアスを含む有害発言について、事前に「有害発言があり得ます」と言えば生成ＡＩサービス提供者の責任が軽減されるのであろうか？　誤情報の場合は

「誤情報の可能性があります」と事前に示されていれば、「信じないでおこう。自分でちゃんと調べよう」と対策ができるが、「これから差別発言をする」と事前に言っておけば差別発言への対策ができるのであろうか？　少なくとも「差別発言をする」と断ったからといって差別発言が免責されることはないであろう。誤情報の場合と異なり、事前に告知することはあまり意味がないのではなかろうか。ただ、しばしばニュース等で「この報道には気分を害する映像が含まれています」などの事前告知をすることもあり、それとの対比で、一定の意味があるとみることもできるのであろうか。筆者古川としては、少なくとも「差別発言をするかもしれない」といわれたら、生成ＡＩを利用しないという選択が可能である以上、一定の意味があると考えてよいと思っている。

6 著作権

次に、生成ＡＩにおける著作権上の課題について紹介する。法律上の問題であり、やや技術的で専門的な内容になる（筆者古川が弁護士なこともあり、つい専門的な内容を書いてしまいがちである）。著作権上の課題を理解するには、学習段階と生成段階に分けて検討する必要がある。

学習段階

学習段階においては、ウェブから学習用データをダウンロードすることが著作権法に反しないかが問題となっている。つまり、著作権により無許可で複製を行うことはできないが、ダウンロードは複製のため、この点において著作権法違反とならないかということである。この点については、日本の著作権法は30条の4という規定が存在し、ＡＩの学習のための複製は適法であると認められている（ただし、一定の場合の例外は存在する）。これは、ＡＩによる学習等への利用は、典型的な著作物の享受（目で見たり、楽しんだりする）とは異なるという理解に基づいたルールとなっている。

なお、外国をみると、ＥＵでは、非営利目的の場合であればＡＩの学習のための複製は認められているが、営利目的では認められていない。また、アメリカでは、フェアユースと呼ばれる法理論が存在し、公平な（フェアな）利用であれば複製も著作権法違反にならないとされており、ＡＩ学習のための複製（ダウンロード）がフェアユースといえるのかが裁判で争われている。

日本でも、無許可による著作物の利用について批判が存在する。批判のなかには、無許可で著作物をダウンロードしてＡＩの学習に用いることが著作権侵害であるというものも存在するが、これは30条の4の存在を無視したものであり、失当である（30条の4により適法なのだから、著作権侵害ではない）。おそらく批判の真意は、将来自分の仕事を奪うかもしれないＡＩが自分の作成したデータで学習されていることに対する不満や仕事が奪われること自体への不安にあると思われる。

なお、このような不安を考慮して著作物のＡＩへの利用を認める30条の4を撤廃すべきかというと、個人的には撤廃すべきではないと考えている。このような将来の仕事への不安は、ライターやイラストレーターだけのものではない。不良検品をＡＩで自動化した場合、不良検品担当者も同じ不安の状況にあるのである。自動運転車に対してタクシードライバーも仕事の不安を抱くのである。そうすると、著作権をもっているようなライターやイラストレーターだけＡＩによる仕事の変化の影響を受けないでよいという理由はない。著作権は、ＡＩによる自動化の影響から逃れる権利を意味していない。不良検品ＡＩにおける不良検品担当者、自動運転車におけるタクシー運転手とは異なり、イラストレーターやライターだけ著作権を盾にして特別扱いする根拠はどこにも存在しない。ＡＩによる仕事の影響への保護は、どの職業も公平にあるべきであろう。また、30条の４は生成ＡＩだけの規定ではない。従来型の判断を行うＡＩでも利用することのある規定である。現在のブームがいつ収束するか予測できない生成ＡＩだけを念頭に置いて議論することは適切でないであろう。

なお、30条の４の廃止までは主張しないが、ＡＩ開発者は、著作物を無許可で利用する対価を支払うべき（またはそのような立法を行うべき）との声も存在する。筆者古川としてはあまり現実的な方法とは思えない。最新の生成ＡＩでは10億単位のデータを用いて学習を行う。生成ＡＩからあがってくる利益を考えると、対価は１円単位のごく少額にならざるをえない。また、支払を行うからには誰が著作権者なのか等の証明も必要になり、数円のためにこれを行うことが社会的に合理的とは思えない。リソースの無駄ではなかろうか。また、理論的にも30条の４自体が、著作物の享受ではない点を理由としたものであり、享受ではないのだから対価を支払う必要もないであろう。

著作権者にオプトアウト（学習用データから自分の著作物を除いてもらう）を行う権利を付与すべきとの声も聞く。しかし、筆者古川としては現実的な方法とは思えない。学習用データから自分の著作物を取り除いてもらったとして、ＡＩ開発者はどうすればよいのであろうか？　学習済みのＡＩはすでに存在している。となると、このＡＩからオプトアウトしたデータを忘れさせるということになるだろう。しかし、特定のデータを忘れさせる技術的手法については研究途中にあり、実務的に実施可能とはいえない。また、オプトアウトずみの学習用データで学習をし直せばよいのであろうか。現在の生成ＡＩはモデルがきわめて巨大になっており、学習に膨大な資金が必要となる。オプトアウトがなされるたびに再学習となると、事実上、著作物の利用を禁止しているのと変わらない。また、学習に必要な電力も膨大であり、環境保護の点も考える必要がある。

ほかにも、ウェブ上にアップロードした作品がＡＩの学習に利用禁止である旨を明記した場合は、利用不可であるとの主張も存在する。だが、学習用データの収集のためのダウンロードは、通常はダウンロード用のプログラムを作成して自動で行うのであり（このようなデータ収集を、「スクレイピング」と呼ぶこともある）、人間が行っているのではない。人間が行うとなると、学習に用いるデータが膨大であることから、事実上ダウンロードできないことになる。現実的には、スクレイピングを防止する技術も存在しており、その活用が考えられる。また、画像に特殊なノイズを付与することでＡＩに「学習されない画像」とする技術も開発されている。ただし、ウェブにコンテンツを自らアップロードしたにも関わらず、学習されることを拒絶できるべきというスタート地点については、そもそも検討の余地があるように思える。

また、AI開発事業者が任意で著作権者保護団体等に寄付等を行うことも考えられる。

生成段階（生成物の著作権）

生成段階に関する著作権の問題としては、まず、生成したコンテンツの著作権者が誰かという問題が存在している。答えはほぼ決まっており、基本的に誰も著作権者ではない。つまり、著作権が発生しないのである。猿が偶然書いた落書きと同じであるというわけである。著作権者は人間であることが前提になっているが、コンテンツを作成したのはコンピュータなので人間ではない。よって、著作権者は存在せず、著作権は発生しない。プロンプトを入力してコンテンツ作成の指示を行った者が存在するが、通常の場合、プロンプトは、作成するコンテンツの方向性の指示でしかない。ある画家に「白い犬が海辺を走っている絵を描いてほしい」と富豪が依頼したとしよう。この場合、絵の著作権者は誰か？画家である。富豪の行ったことは注文と絵の方向性の指示でしかないので、富豪が著作権者になることはない。これと同じである。画家がＡＩになったのである。

ただし、生成されたコンテンツに著作権が発生しないというルールには例外がある。それは、プロンプト入力者に創作的寄与があった場合はプロンプト入力者が著作権者になり、コンテンツに著作権が発生する。先ほどの富豪と画家の例をみてみると、富豪が「犬の目の大きさは、このくらいの大きさで、色は何番の色を使って、こういう風な筆遣いで目の色を塗ってほしい」など非常に細かい点にまで指示を出していた場合、これは画家を自分の手のかわりに使っているわけで、この場合は、富豪が創作活動をしているのと同じである。この場合は、富豪が著作権者になる（画家との共同著作権者になるかは別として）。ＡＩの場合もこれと同じで、プロンプト入力者に創作的寄与があればプロンプト入力者が著作権者になるのである。この点については争いがほぼないのだが、問題は、どのような指示・プロンプトをもって創作的寄与があったと認めるかである。この点については議論が盛んに行われているのだが、筆者古川としては（議論としては高度になるが）、先ほどの富豪の例のような色や筆遣いといった具体的な表現まで指示してはじめて創作的寄与ありと認めるべきだと考えている。長い詳細なプロンプトであれば創作的寄与を認めるとの見解も主張されているが、筆者古川としては具体的な表現の指示がポイントではないかと考えている。

なお、基本的には著作権が発生しないが、創作的寄与（何が創作的寄与なのかは別として）があれば著作権を認めるというのはアメリカでも基本的には同じ立場であり、ＥＵでも同じようである。つまり、国際的には（特殊な法律があるイギリスなどを除き）共有されている考えといえそうである。

なお、余談であるが、一時期、ＡＩの生成したコンテンツに著作権が発生するかについて、著作権法が想定していない事態で、結論が不明であり、法律が追い付いていないというような言説がみられたが、まったくの誤りである。上記のような基本的な理論は現在の生成ＡＩブーム以前からすでに確立しており、また、そもそも、問題の本質は富豪と画家の例と同じなのであり、ＡＩやＩＴ以前から存在していた問題と本質は同じなのである。

生成段階（著作権侵害）

生成段階のもう1つの著作権上の問題は、生成したコンテンツが既存の著作物に類似している場合である。著作権法上、類似するコンテンツの作成が著作権侵害となるのは、作成したコンテンツが既存の著作物に類似する場合で、かつ作成されたコンテンツが既存の著作物に依拠した場合である。つまり、偶然、知らずに他の人の絵と同じような絵を描いたとしても、著作権侵害とならない。依拠していないからである。

では、生成AIの場合は依拠性はどのように判断するのか？　画像生成AIを例に現在の議論を概説する。

①　学習用データに使った画像を頻繁に（何をもって頻繁というのかという問題は残るが）生成するAIの場合は、依拠性が認められる。これは、AIに詳しい法律関係者の間で意見が一致している。

②　既存の画像と似せようとプロンプトを工夫したり、プロンプトを変えて何度も試行錯誤して類似する画像を生成させた場合も、依拠性が認められる。これも、AIに詳しい法律関係者は結論に異論がない。

③　学習用データに含まれてい「ない」既存画像と類似する画像が偶然（②のように似せようとしたわけではなく、ユーザーが知らずに）生成された場合には、依拠性は否定される。これは、偶然知らずに他人の絵と同じような絵を描いたのと同じであると考えるのである。この点も、AIに詳しい法律関係者の間でほぼ合意ができている。

④　唯一、問題なのが、偶然、学習用データとなっている画像と類似する画像が生成され

た場合であり、この場合には、依拠性を認めて著作権法違反を認める見解と、依拠性を否定して著作権法違反を認めない見解が分かれている。ただし、このような事態が発生する確率はそこまで高くはないと考えられる（①のような場合ではないことが前提のため）。

以上のような状況である。筆者古川自身としては、④の場合は依拠性を否定して著作権侵害を認めるべきでないと考えている。人間と異なり、ＡＩは学習用データ自体を覚えているわけではなく、ＡＩの学習結果（学習済パラメータと呼ぶことがある）から元の学習用画像を再現することは不可能だからである。ほかにも理由はあるのだが、専門的になるので、本書では述べない。

上記の④の場合に、見解によっては著作権侵害が成立するため、安全のために念のため生成した画像と類似する学習用データがないかを調べることが望ましい。ただし、学習用データが公開されていないこともあり、また仮に公開されていたとしても10億単位の数のため、類似する画像が存在するか調べることがむずかしいこともある。このような点からも、安心して生成ＡＩを利用できるようにするためにも、依拠性を否定するのがよいと考えている。

このとおり生成ＡＩにより著作権侵害が発生しうる。ここで注意が必要なのは不適切な行為は現在の著作権法においても違法とされているということである。つまり、生成ＡＩを規制するために著作権法改正を行う必要は、ほぼなさそうである。改正するとしても、せいぜい④の違法適法を著作権法に書いておくくらいである。現行法下では生成ＡＩが野放しという主張を聞くことがあるが、それは誤りといえそうである。また、生成ＡＩによる著作権侵害がありうるが、だからといって生成ＡＩの利用を禁止するという話でもない。著作権法違反は著作権法違反として取り締まればよいだけである。また、生成ＡＩが著作権法侵害を簡単にできる危険なツールであるという評価も適切ではないと考える。少なくともコピー＆ペーストを数回クリックするだけで著作権侵害ができるコンピュータという、われわれがいま、普通に使っているツールと比べれば、著作権侵害に用いられる危険性はずいぶん低いのではなかろうか。

（なお、原稿執筆後の２０２３年12月に文化庁が「ＡＩと著作権に関する考え方について（素案）」と題するレポートを発表した。基本的な考えは上記のものと大差はないが、学習用データに含まれる画像と類似する画像を生成ＡＩが生成した場合には、原則として依拠性を認め著作権法違反とするようである。ただし、学習用データと類似する画像が出力されないような措置をとっていれば依拠性を否定できるとしている。具体的にどのような措置があれば依拠性を否定できると考えているのかは不明である。通常は、学習用データの数を増やすと学習用データと類似するコンテンツが生成される可能性が大きく減るため、このような学習用データの数という点を措置とみるべきと個人的には考えている。）

7 プライバシー

次にプライバシーの問題を紹介する。なお、個人情報保護法については、そもそもプライバシーの問題とは別であり（公開している個人情報であっても法律の適用がある）、また、問題になる個人情報保護法の理論がやや細かい理論であり、法律関係者でない人にはおもしろいと思えない内容なので、本書では割愛する。

では、生成ＡＩはどのような点においてプライバシー上の課題が存在するのか？　１つには、学習用データの収集時にテキストの個人情報や顔画像を収集することがあるという点であり、これはすでに紹介した判断を行うＡＩにおけるプライバシーと変わるところはない。また、個人に関する虚偽の情報を生成する（テキスト生成ＡＩで考えるとわかりやすい）点もプライバシーの問題である。そして、特に大きなプライバシー上の懸念とされていることは、ChatGPTなどのテキスト生成ＡＩが個人に関する情報（古川直裕は日本人の男性弁護士で……など）を生成することがあるという点である（なお、画像生成ＡＩでも同じような問題が生じるがここではさておく）。

ただ、考えてみると本当にプライバシー侵害かは疑わしい要素が残る。ChatGPTを例にすると、ChatGPTはウェブ上のテキストデータをダウンロードして学習用データとしているのである。つまり、「古川が日本人の男性弁護士」というのもウェブ上のデータから学習したものにすぎない。つまり、私が自分のホームページやソーシャルメディア（なお、基本的に筆者古川はどちらももっていない）で書いたことを学習したにすぎず、いわば公知の情報をChatGPTは示しているにすぎないのではないか？　もちろん、第三者が勝手に「古川は……」と書いたものを学習したのかもしれない。ただ、考えてみると、Google検索で古川の職業を検索したところ、第三者が勝手に古川が弁護士であると紹介したウェブサイトが検索結果として出てきた場合、これはGoogleがプライバシー侵害を行っているのであろうか？　ChatGPTも同じなのではないだろうか？

もちろん、非公開のデータで学習した結果、非公開のプライバシー情報を生成したという場合にはプライバシー侵害といえそうである。逆に言うと非公開のデータを用いていないと、プライバシー侵害といえないのではなかろうか。

8 その他の問題

亡くなったスターの再現？

最近では、亡くなった有名人の画像や、歌・楽曲をＡＩで再現させることも起きている。例えば、マイケル・ジャクソンやフレディ・マーキュリーなど亡くなった有名人の現在の姿（画像）をＡＩで生成してみたり、深層学習技術（ディープラーニング）を使った歌声合成技術を用いることで、故人である歌手・美空ひばりさんの歌声を再現する取組みがあった。２０１９年末のＮＨＫ紅白歌合戦でＡＩとバーチャルアンドロイドを活用して再現された「ＡＩ美空ひばり」をご覧になった方もいるだろう。さらに、ビートルズによる新曲はもう出ないだろうと誰もが諦めていたなか、オリジナルメンバー4人がそろった新曲がＡＩによってリリースされた。故・ジョン・レノンが生前、自宅アパートで録音した歌声がテープに残っていたところ、ピアノの音にかき消されてしまっていて1990年代にレノンの声だけを抽出しようとしても無理だったが、今回、ＡＩによってジョン・レノンの歌声だけを取り出すことに成功し、今回の新曲リリースに至ったといわれている。

さらに、芸能人だけでなく、著名な裁判官をＡＩで再現するプロジェクトもある。アメリカで27年間連邦最高裁判事を務めた故ルース・ベイダー・ギンズバーグ判事のＡＩモデル（https://ask-rbg.ai/）をイスラエルのＡＩ企業が作成したことで話題になっている。同判事のおよそ60万の言葉をＡＩに学習させたというが、ギンズバーグ判事のもとで法務事務官をしていた人は、単純な法律の質問に対するＡＩギンズバーグ判事の回答に感心しなかったという。また、ギンズバーグ判事の話し方の特徴も再現できていなかったという（"An AI bot tried to emulate Ruth Bader Ginsburg's thinking, but her former clerk says it 'could do better'", Jun 15, 2022, BUSINESS INSIDER）。

このように、もう世の中では死者がＡＩによっていわば復活する場面が登場してきているが、さまざまな倫理上の課題がある。例えば、本人が遺言で死後ＡＩで再現してもいいと言っていた場合はいいのだろうか？　遺言があれば本人の生前の同意がとられているのでよさそうだが、どこまで同意しているか明確かつ詳細でなければ、本来、その亡くなった人からしてみれば想定外のことに使われてしまうかもしれない。では、遺言がなかった場合はどうだろうか？　遺族がＯＫすれば亡くなった人の姿や声を再現してもよいのか？著作権とパラレルで考えるならば、遺族の承諾があればＯＫそうだが、果たしてそれでいいのか？　ファンの思いもあるだろう。ファンとしては再現された自分のスター（いまの流行り言葉でいうと「推し」）を見たい、もう一度会いたいけれど、こんなことを言う、あるいは、する有名人は見たくないなどもあるかもしれない。死人に口なしだが、通常、社会通念上みて妥当と考えられる利用までは認めることになるのだろうか？　この「社会通念上」とは、社会一般に通用している常識または見解という意味で、よく法令の解釈や裁判調停で判断基準の1つとされるが、死生観というのは、宗教によっても文化によっても、そして時代によっても異なる。いたこの口寄せという文化が存在する日本でどのように考えるべきであろうか？

さらに有名人に限らず、身近な人を亡くした人々が、その亡くなった人のＡＩアバターを作成することはどうか？　この点、アメリカでは、死者の生前のインタビューの記録から死者と会話できるＡＩのサービス（StoryFile、HereAfter AI等）がすでにある。亡くなった愛する人と会話をしたい、亡くなった親や配偶者にアドバイスをもらいたい、子どもや孫に先祖のことを伝えたいという思いで死者と会話するというニーズがあるのだという。そうすると、個人的に自己の癒やしや家族の記録として親族内で利用するぶんには生前の同意がなくてもかまわないか？　生前の記録をもとにＡＩをつくり、亡くなった人に聞いたらこういう答えが返ってきた等、実際にやりとりがなかったものについて発言させることは、死者の権利的にも、また倫理の問題としても考えなければならないだろう。人間はほかの要素も加味して判断・意見をいうことができるが、ＡＩは総合的な判断ができないからだ。仮に、生まれてから死ぬまでずっとデータを取り続けていたとしても、人間は忘れる生き物であるので、人間が忘れたことまでを記録しているＡＩデータによって完全に当該人物を再現することはできないだろう。自己の癒やしとして利用するとしても、利用者側は、いま対話している相手は現在生きている人間として発言しているのではない、ということは常に〝意識して〟接することが必要である。

9 働くことにもたらす影響

生成ＡＩが働くことにもたらす影響については、第２章冒頭に記載があるのでそこを参照していただければ幸いである。

筆者吉永が参加しているＧＰＡＩの仕事の未来ワーキンググループでは、これまでのグローバルなＡＩガバナンスの議論において生成ＡＩと仕事の未来との関係性における議論が欠落してきたことを懸念し、２０２３年９月に、ＡＩが職業にもたらす悪影響を軽減するプロジェクトへの政府の財政支援やＡＩによって影響を受ける働き手への新たなスキルのトレーニングや生成ＡＩの影響具合を測るモニタリングなどを盛り込んだ10の政策提言を行った（Policy Brief: Generative AI, Jobs, and Policy Response, GPAI）。

その後、アメリカでも、２０２３年10月末に出した大統領令で、「ＡＩ教育・研究への投資」が言及された。ＡＩを使っていく過渡期（トランジション）には、政府による支援も大切だろう。

生成ＡＩ、アンドロイド等のロボット技術が進んでいくと、自分の「分身」（アバター）あるいは、自分が求める機能をもったアバターを使って仕事をさせることも出てくるだろう。

10 教育にもたらす影響

2022年後半から2023年初頭にかけて、ChatGPTやBing Chat、Bard等の対話型生成AIが次々とリリースされると、教育にも影響を与えることが国内外で心配され、アメリカにおいても各大学が生成AIの扱い方を検討し始めており、入学出願書類作成や課題の提出や試験での利用の是非についてポリシーを出している大学もある（アメリカロースクールにおける取組みについては、筆者吉永の「教育現場における生成AIの活用」（有斐閣Online）をご参照いただければ幸いである）。

日本においても、子どもが生成AIの回答を鵜呑みにするのではないか等、懸念も指摘され、国として一定の考え方を示すため、文部科学省は、2023年7月に機動的な改訂を想定した「初等中等教育段階における生成AIの利用に関する暫定的なガイドライン

Ver. 1.0」を出した。そこでは、生成ＡＩの活用が適切でないと考えられる例や活用が考えられる例、「情報活用能力」の育成強化、パイロット的な取組みの推進、働き方改革の一環として、準備が整った学校での生成ＡＩの校務での活用、その他の重要な留意点として、個人情報やプライバシーに関する情報の保護や教育情報セキュリティ、著作権保護の観点等が記載されている。

ChatGPTはこれまでの検索エンジンと何が違うのか？　検索エンジンにおいては、検索するといくつかのウェブサイトや記事のリンクがリストアップされ、そこから自分にとって有益そうなサイトや情報を「能動的」に選べるが、ChatGPTの場合はプロンプトに基づいて1つのもっともらしい回答を出してくるので、「受動的」になる。そのため、信じやすい。もともとアメリカ英語をベースにつくられたものであるため、自信をもったはっきりとした言いぶりに説得させられてしまう人もいるだろう。いまの子どもたち、特にインターネットが世の中に出てきた後に生まれたZ世代やデジタルネイティブは、調べものをする際に、安易にインターネットの検索エンジンに頼る傾向があるが、辞書や百科事典の使い方をはじめ、書物やインタビューを通じた調べ方や、図書館、博物館などの利用方法など従来のやり方は今後も学校で教える必要があるだろう。また、生成ＡＩで調べる場合のリスク（誤情報の可能性、一元的な物の見方、バイアスがあるかもしれないこと等）についても、道徳や社会、情報の授業で教えることが必要である。1つの情報に頼らず、多角的に調べる、人との議論を通じていろいろな意見があることを知ることも大事である。

要約や作文、翻訳においても、ChatGPTを使う場面はますます増えていくだろう。ただ、ChatGPTを使う前に作文や要約のトレーニングを受けて基礎的学力を身につけていなければ、ChatGPTが出したものがいいものかどうか判断はできない。30代以降の世代は、学校で200字以内で読書感想文を書きなさいとか、新聞のこの記事や社説を○字以内に要約しなさいというような教育を受けてきているので、ChatGPTが出した要約や作文がいいものかどうかある程度判断できるが、学校でそのような訓練を得ていなかった場合は良しあしを判断できずにそのまま受け入れてしまうだろう。そのため、生成ＡＩの時代においても、従来の作文や要約の訓練は依然として学校教育において必要であると筆者吉永は思う。

英語もそうである。英語力が高くなければ、ChatGPTが出力したものが微妙なニュアンスを正確に出しているかの判断はむずかしい。特に日本語では主語がないことも多く、文脈から判断しなければならないが、英語では主語を補ったりしないと意味不明な文章になったり、修飾語がどこにかかるのかによってもまったく違う意味になるため、注意が必要である。

よくこれからは学校の場で、正しい指示文（プロンプト）を入力できるように教えることが必要だということを耳にするが、自分が欲する回答を得るために適切な指示文（プロンプト）を入れるには、上記のような基礎学力なくしてはできない。逆に、従来の教育に基づく基礎学力があれば、いろいろ試行錯誤しながらでも適切な指示文を書けるようになるのである。文部科学省のガイドラインでも、その「基本的考え方」において、下記のように言っている。

忘れてはならないことは、真偽の程は別として手軽に回答を得られるデジタル時代であるからこそ、根本に立ち返り、**学ぶことの意義についての理解を深める指導が重要となる**。また、人間中心の発想で生成ＡＩを使いこなしていくためにも、**各教科等で学ぶ知識や文章を読み解く力**、物事を批判的に考察する力、問題意識を常に持ち、問を立て続けることや、その前提としての「**学びに向かう力、人間性等**」**の涵養がこ**

れまで以上に重要になる。そうした教育を拡充するためには、**体験活動の充実**をはじめ、教育活動におけるデジタルとリアルのバランスや調和に一層留意する必要がある。

（「初等中等教育段階における生成ＡＩの利用に関する暫定的なガイドライン」（文部科学省、２０２３年7月））

11 ChatGPTに関する公的機関によるドキュメント類

本章がほぼ完成したころに、ChatGPTのリスクの分析や対処するための行動規範を内容とする公的機関によるドキュメントが発表されたため、補足的になるが最後に紹介しておく。

イギリス政府によるレポート

２０２３年11月にはＡＩの安全性を議論するためのサミットがイギリスのブレッチリーで開催された。これに先立ち、イギリス政府はChatGPTなどの大規模言語モデルを含む高性能な汎用目的ＡＩをFrontier AIと呼び、これに関する可能性やリスクに関するレポートである「Capabilities and risks from frontier AI（フロンティアＡＩによる将来性とリスク）」を公表している。

このレポートではリスクをいくつかの観点から紹介している。まず、分野横断的なリスク要因である。具体的には、まず、ＡＩが利用される分野（ドメイン）がオープンであることを第１の要因としている（コード生成ＡＩは、医療業界でも製造業界でも使われる）。このため下流での利用によるリスクの予測がむずかしくなるのである。また、フロンティアＡＩの安全性の評価手法が定まっていないことも第２のリスク要因であるとしている。３つ目の要因として、どのようにフロンティアＡＩがデプロイされ利用されているのか追跡するのがむずかしい点があげられている。これによりモニタリング等ができなくなるのである。第４の要因としてＡＩの安全性の標準が確立されていないことをあげる。ここで言っているのはＩＥＥＥやＩＳＯなどの規格等である。第５の要因として、ＡＩ開発者がリスク軽減手法に投資するインセンティヴが不十分であることをあげる。またＡＩの市場の力の集中を第６の要因としている。

以上のような分野横断的なリスク要因に加え、フロンティアＡＩがもつリスクとして、同レポートは、社会への害が存在することを述べる。具体的な害の１つ目として、情報環境の悪化をあげる。つまりは、誤情報の問題である。２つ目の害として、労働市場の破壊をあげる。３つ目の害としてバイアス、公平性等への害をあげている。

上記の社会的リスクに続いて悪用のリスクを同レポートは指摘している。具体的には第１にデュアル・ユースによるリスクを指摘する。第２にサイバー上のリスクを指摘。第３に、誤情報をわざと流布するリスクを指摘している。

悪用リスクに続いて、同レポートはコントロールの喪失をリスクとしてあげている。まず、１つの側面として、人間が適切ではないＡＩにコントロールを任せるようになる可能性を指摘。もう１つの側面として、将来のＡＩシステムが積極的に人間によるコントロールを減らすようになる可能性を指摘している。

基本的なリスクの内容は本書で指摘したものと変わりはないが、ＡＩが人類全体に大きなダメージを与えることを心配した内容の報告書となっている。

G7による国際指針

G7はChatGPTのような大規模言語モデルを含むAdvanced AIに関する国際指針を定める。詳細は第5章を参照されたい。

第 4 章

不吉な未来

では、これまでに紹介したようなＡＩがもたらす課題を無視してＡＩの開発を進め利活用していった場合、われわれの将来はどのようになるのであろうか？

将来の予想はむずかしい。ほぼ不可能に近い。このため、この章は「考えられる悲観的な一つの将来予想」程度のノリで読んでいただきたい。

1 ブラックボックスな社会

ＡＩは判断理由を示すことができないブラックボックスであるという課題は第2章で触れた。このようなＡＩが広く至るところで使われるようになると、どうなるのであろうか。例えば、ローンの申込みでなぜローン審査に落ちたのかわからないのである。銀行の担当者に聞いても「さあ……」という回答しか返ってこないということである。銀行側から、事業計画を立て直したり、資金繰りを工夫したりというローンを実施するための改善点がもらえなくなるのである。つまり、人によっては、なぜか知らないけどローン審査に落ちて、どう改善してよいかわからず、ずっとローンに落ち続けるという事態が発生するのである。

果たして、なぜダメだったのかわからず改善点がみえてこないという世の中は健全なのだろうか？

似たような問題として「バーチャル・スラム」というものが存在する。個人の全般的な信用度を図る信用スコアやソーシャル・スコアリングと呼ばれるものが存在する。中国で普及しており、オンラインショッピングでの購買履歴、ソーシャルメディアの利用履歴などをもとにＡＩで算出する、「その人がいかに信用できるか」（筆者古川なりの理解でいうと、社会的にまともな人間で品行方正か）に関するポイントである。このポイントが高いと、ローンを受ける際に金利が優遇されたり、ホテル利用時のデポジットが不要になったりとさまざまなメリットが発生する。さて、仮想事例として、Ｘさんは、このスコアが低く、融資が受けられなかった。このため、ビジネスで成功することができず、貧困に陥り、ますますスコアが低くなった。このため、貧困から抜け出すことができなくなったという状況が発生したとしよう。まさにこれがバーチャル・スラムである。一度、低いスコアを受けることで、ますますスコアが低くなり、貧困等から抜け出せなくなることをバーチャル・スラムという。ブラックボックスな社会では、どう改善したらよいかわからないので、このようなバーチャル・スラムが発生するかもしれない。

2 すべてはＡＩ任せ

また、すべてがＡＩ任せになるかもしれない。重要な政策の決定も、死刑判決も、何を食べるのかも、彼女と結婚するべきかも、すべてＡＩ任せになるかもしれない。まあ、何を食べるかを決めるためにＡＩを使うも使わないも個人の選択なのでＡＩを使うことをやめることはできるが、彼女があなたと結婚するかの意思決定をＡＩに委ねるのを止めることはできない。政府が使うと言い出せば重要政策や判決をＡＩに委ねることを止めることはできない。

これでよいのかという疑問が当然生じる。人間より適切に意思決定できるのなら、それでよいという考えもありえよう。理解できるところである。急にコンピュータが動かなくなったなどでうまくＡＩが動かなくなったときにどうするのか、大丈夫なのかという心配をする人も出てくるであろう。ＡＩに任せたときに、判断がブラックボックスである点も気になる。ともあれ、大事な判断はＡＩに任せ、人間が判断するのは、限定的な事項に限られるのかもしれない。例えば、興味があったり強い嗜好があったりして「自分が判断したい」と思う事項が考えられる。ほかにも日常のランチに何を食べるのかといったＡＩに相談するのも面倒な日常的な事項や、浮気相手とのデートの場所（ＡＩに質問したら、浮気はやめましょうという回答が返ってくる）のような社会的に問題があってＡＩに相談できない事項などもありえるかもしれない。

3 人間の能力の低下

いろいろなタスクをＡＩに任せてしまうと人間にはそのタスクを行う能力が失われる。昔は機織り機で布を織ることができる人が多かったが、現在では機織り機を使える人は少数であろう。機械に取って代わられ、人間の機織り能力が失われたのである。また、日頃漢字を手書きする機会が減り、いざという時に漢字が思い出せないという経験をした人も多いのではなかろうか。これも同様のものであろう。

さまざまなことにＡＩを使った場合、人間に残される能力と人間が獲得するようになる能力は何なのだろうか？　ＡＩのアルゴリズムと学習方法を考える能力だけであろうか？　また、あらゆることをＡＩに頼りきりになると、創意工夫する力も失われるのではないだろうか。苦しくなればＡＩに頼れる世界になると、苦労して創意工夫することがなくなってしまい、人間から創意工夫する力もなくなるかもしれない。

このような世界で人間が行う仕事はどのようになるのだろうか？　面倒な判断をＡＩに任せてしまうと、頭を使わない仕事ばかりになるかもしれない。

4 多様性の欠如

ＡＩは、コンピュータによる計算により結論を出しているので、判断にばらつきがない。これは素晴らしいことであるが、同時に怖くもある。採用面接を考えてみよう。面接官としてＡさん、Ｂさん、Ｃさんがいて、それぞれ別々に面接を行っている。同じような候補者でもＡさんは合格とする一方、Ｂさんは不合格とするかもしれない。要は、面接官によってばらつきが生じる。このため、ある意味、会社に多様性が生まれる。大学時代の研究を重視するAさんと、学生時代のサークル活動を重視するBさんと、会社とのマッチ度合いを重視するCさんとで採用する人物が異なり、多様性が生まれるのである。これがAIの場合はどうであろうか？　AIは基本的に同じような判断を行うのである。つまり、同じような人を採用することになる。非常に高性能またはリーズナブルな採用AIが存在して、多くの企業が同じAIを使うと（かつ個社ごとのAIの学習を行わないなら）、このAIを使用した企業すべてが同じような人を採用することになる。こうなると、多様性が失われるのではなかろうか。さらに、その判断理由はブラックボックスである。同じような人が採用され、同じような人が落ち続ける。バーチャル・スラムにもつながる話である。

第 5 章

AIに関する国内外のルール

1 規制のアプローチ

リスクベース・アプローチが主流

これまでみてきたようなＡＩによってもたらされる危害やリスクに対処するために、各国・地域では、ＡＩに対してどのような規制がよいかを議論し、対応し始めている。ＡＩによってすでに起き始めている問題への対応もあるものの、世界的にみると、予見されるリスクを事前に洗い出したり、ＡＩによってもたらされるであろうインパクトを考えたりしながら、〝予防的〟対応として着手する傾向にある。

規制の程度に関しては、リスクの大きさに応じて規制するという考え方、いわゆる「リスクベース・アプローチ」が国際的に広く共有されている。最近では、人権保障の観点から、「権利ベースのアプローチ（right-based approach）」がよいという意見も出てきている（国連など）。２０２３年４月のＧ７デジタル大臣会合では、ＡＩの政策と規制には「リスクベース」で将来指向でなければならないことを再確認し、同年10月末に発表した「高度なＡＩシステムを開発する組織向けの広島プロセス国際指針」では特に高度なＡＩシステム開発者に対して、リスクベースのアプローチに基づくＡＩガバナンスおよびリスク管理方針の策定、実施、開示を求めている。

法律というのは、立法までに時間がかかるため、およそ新しい技術に対しては後手後手に対応してきたが、今回はその予見されるリスクや影響度に応じて、また、ＡＩ技術やＡＩ立法における覇権争いから、各国ともにこれまでよりも早め早めに対応をしようとしている。

ハードローかソフトローか

その規制の枠組みとしては、①法的拘束力をもつハードローか、あるいは、②法的拘束力をもたない原則やガイドラインを国が示すソフトローのアプローチがある。

国際組織の取組みとしては、いろいろな国・地域の集合体として人権に対する意識、経済発展やイノベーションの促進など重視するポイントが異なるため、なかなか法的拘束力があるハードローで合意するのはむずかしく、国際組織においてＡＩの規制を議論する際は、やはり、ハードローではなく、ソフトローであるPrinciples（原則）でコンセンサスを図るしかない。例えば、日本が国際的な議論に貢献してきたＯＥＣＤ、Ｇ７、Ｇ20等経済的な主権国家の集まりであるグループのガイドラインは、ソフトローのアプローチを採用している。また国連のユネスコもソフトローの倫理ガイドラインを２０２１年11月に発表している。

COLUMN
吉永の視点

世の中はハードローに向かっているのか

世界のＡＩ規制はハードローの方向に進んでいるという論調があるが、実はそうではない。いまのところ明確に、包括的なＡＩ規制としてハードローのアプローチを採用しているのは、ＥＵのＡＩ法案、カナダのＡＩとデータ法案（ＡＩＤＡ）である。ブラジルも韓国もＥＵがＡＩ法案を出したのを受けてハードローの方向に議論が急速に進んでいたが、日本やアメリカの状況をみてかハードローに向けた議論がトーンダウンしており、むしろソフトローへの見直しをしている模様だ（関与している有識者たちからの話より）。中国は一般的なＡＩに関しては緩やかな倫理的ガイダンスであるソフトローで、AI技術の特定の種類ごとにハードローの枠組みを採用している。生成AIに関しては、2023年8月に世界で初めてハードローとしての法律が施行された。アメリカやイギリスやシンガポールは法的拘束力がないソフトローである。

日本はソフトローを基本とし、必要なところは随時ハードローの法律で手当を行っている。法律による"包括的な"AIの取り締まりというところまで入っていない。筆者もイノベーション促進の観点からも最初からハードロー規制をするべきではないと思っている。今後技術の進歩や開発や利活用の状況をみてハードローで対応しなくてはならない部分は出てくるだろうが、まずは個別分野的に対応していくのがよいと思う。

ちなみに、日本はソフトローを採用している国のなかでも2023年12月に公表された「AI事業者ガイドライン案」をみればわかるように、具体的な実践例やチェックリストまで含むかなり緻密なものとなっており、ソフトローとしては珍しい。通常は、ソフトローはハードローと違って細かな記載は必要なく、大まかな原則を提示するものだが、ソフトローでここまで詳細に説明するものは世界においても類をみない。ここまで細やかなものになったのには日本の企業から具体的な記述がほしいという要望があったからだろう。非常に「日本らしい」ガイドラインである。日本にいる企業はこれを参考に法的拘束力がない「ソフトロー」でも真面目に取り組み、安心安全なAIの開発・利活用に取り組んでいる姿を世界にみせてほしい。

なお、ハードローを採用している国でも軍事関連は対象外となっている。

2 国際機関におけるAI原則 ——OECD、G7、G20を例に

日本はAIの研究開発に関する原則において世界をリード

世間ではあまり知られていないことだが、実は、日本は世界に先駆けてAIの研究開発に関する原則を提唱しており、AIに関する国際ルールづくりに貢献している。日本は2016年にG7の議長国となったが、同年4月に21年振りに開催された「G7情報通信

大臣会合」で議長である高市早苗総務大臣（当時）のもと、「ＡＩの研究開発に関する８原則」（①透明性の原則、②利用者支援の原則、③制御可能性の原則、④セキュリティ確保の原則、⑤安全保護の原則、⑥プライバシー保護の原則、⑦倫理の原則、⑧アカウンタビリティの原則）を提唱したのである。こうしたルールが求められるようになった背景には、２０００年代から始まった「第３次ＡＩブーム」がある。ビッグデータと呼ばれている大量のデータを用いた機械学習が実用化され、機械学習の手法の１つとしてＡＩが自ら特徴量を習得する「ディープラーニング」（深層学習）が登場したのである。すでにチェスや将棋では、ＡＩがプロの人間相手に勝つということが起きており、２０１６年３月にはGoogleが買収したＡＩの開発ベンチャー「DeepMind」社が開発した囲碁プログラムが人間のプロ囲碁棋士のチャンピオンに勝利するという衝撃的なニュースもあった。ディープラーニングは大きな可能性をもたらすと同時に人間に対してさまざまなリスクをもたらしうることも認識され、各国がそれぞれＡＩに関する政策の必要性を認識し、それぞれの国内で議論を始めたのである。

この「ＡＩの研究開発に関する８原則」がきっかけで、ＡＩ原則に関する国際的な議論を開始することについてＧ７メンバー国やＥＵの代表者から賛同を得られ、後のＯＥＣＤ

のＡＩ原則（後述）にもつながった。

そして、２０２３年に日本は再びＧ７の議長国となり、岸田文雄首相は、主要7カ国首脳会議（Ｇ７広島サミット）の結果をふまえ、5月に「広島ＡＩプロセス」というＧ７の閣僚担当が中心となってChatGPTを含む生成ＡＩの活用や開発、規制に関する国際的なルールづくりについて議論する新たな枠組みを立ち上げた。広島ＡＩプロセスのなかで、「人間中心の信頼できるＡＩ」を構築するための共通のルールづくりについて話し合った結果を、年内に公表することを宣言したのである。この広島ＡＩプロセスは、首脳・閣僚級プロセスだけでなく、マルチステークホルダープロセスというさまざまなステークホルダー（Ｇ７以外の国、国際機関、産業界、学術界、市民社会等）から意見を幅広く聴取するプロセスも重視され、筆者の古川と吉永も10月初旬に京都で開催されたインターネットガバナンスフォーラムをはじめ、同プロセスのルールメイキングに関与した。そして、２０２３年10月30日（日本時間）、Ｇ７首脳は、広島ＡＩプロセスに関してＧ７首脳声明を出し、開発者を対象にした国際指針と国際行動規範を公表した。

図表　OECDのAI原則（５原則）

1	包摂的な成長、持続可能な開発及び幸福
2	人間中心の価値観及び公平性
3	透明性及び説明可能性
4	頑健性、セキュリティ及び安全性
5	アカウンタビリティ

ＯＥＣＤのＡＩ原則がＧ20にも

２０１６年に提唱された「ＡＩの研究開発に関する８原則」から約３年後、ＯＥＣＤでは２０１９年５月にＡＩの開発や運用に関する「人工知能に関する理事会勧告（いわゆるＯＥＣＤのＡＩ原則）」が採択された。この原則は、図表にある５項目からなる。ＯＥＣＤ加盟36カ国およびアルゼンチン、ブラジル、コロンビア、コスタリカ、ペルー、ルーマニアの計42カ国がこの原則を支持することとなった。

ＯＥＣＤのＡＩ原則が出された翌月、茨城県つくば市で開催された「Ｇ20貿易・デジタル経済大臣会合」では、共同声明で、ＡＩについて「リスクと懸念を最小化しながらＡＩの恩恵を最大化し共有する」と明記され、Ｇ20で初めてＡＩに関する原則の合意に達した。大阪で開かれたＧ20首脳会合では、このＯＥＣＤのＡＩ原則が首脳宣言の附属文書として公表された。

そして翌年の2020年6月、OECDのAI原則の実装に向けて、AIに関するグローバル・パートナーシップ・オン・AI（Global Partnership on AI; GPAI）が設立された。筆者の古川と吉永は、2023年からそのGPAIのExpert（専門家委員）として活動している。

3 各国・地域におけるアプローチ

AIの規制について国・地域の単位でみると、ハードローで対応しようとしている例としては、EUやカナダがあり、両国は水平的（分野別ではなくAI全般に対してという意味）にAIを規制しようとしている（執筆時点では、EU、カナダともに法案段階で成立はしていない）。EUはリスクのレベルに応じて、カナダはAIがもたらすインパクトに応じて、AIシステムの区分ごとに規制し、AIシステムの責任者に応じて義務を課す内容となっている。

一方、アメリカや日本では、包括的には企業へのガイドライン作成というかたちでソフトローのアプローチをとり、必要に応じてセクター（分野）ごとに既存の法律への改正というかたちでハードローにて対応している。

中国は一般的なＡＩに関しては緩やかな倫理的ガイダンスであるソフトローで、ＡＩ技術の特定の種類ごとにハードローの枠組みを採用している。生成ＡＩに関するハードローとしては世界で初めて２０２３年８月に法律が施行された。そして、イギリスはソフトローをベースにセクターごとのアプローチを採用しているなど、国それぞれの対応を行っている。

以下では、日本とアメリカとＥＵについてもう少し詳しく説明する。

日　本

日本では、２０１６年４月に国際議論の開始のために提唱した「ＡＩの研究開発に関する８原則」の後も総務省の「ＡＩネットワーク社会推進会議」内で議論は続き、２０１７年７月に総務省が「国際的な議論のためのＡＩ開発ガイドライン」を発表した。これは、２０１６年４月の「ＡＩの研究開発に関する８原則」の８原則に「連携の原則」を加えた

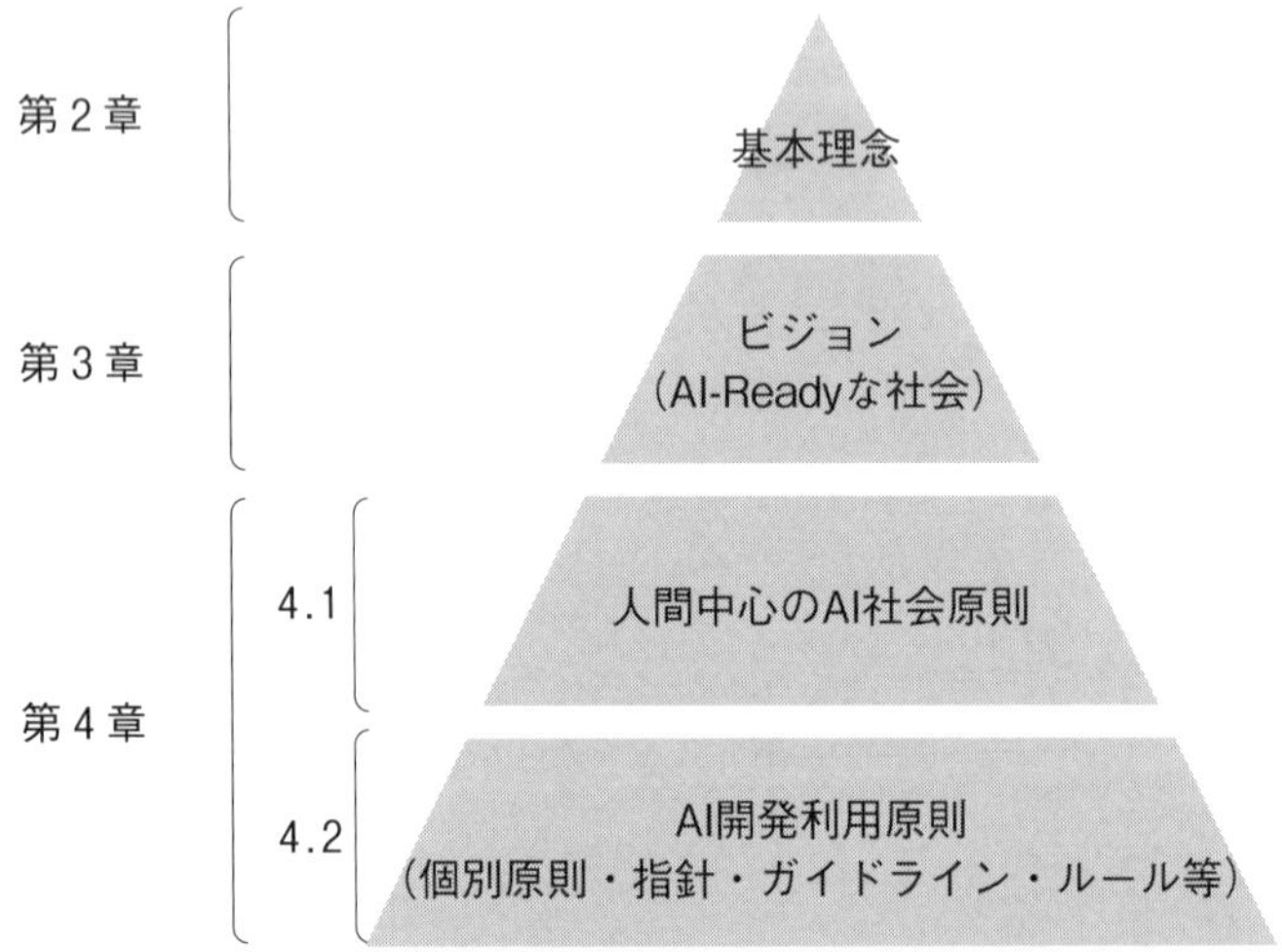

（出所）「人間中心のAI社会原則」（統合イノベーション戦略推進会議決定、2019年３月29日）

ものである。

その後、「AI-Readyな社会」を実現し、ＡＩの適切で積極的な社会実装を推進するために、内閣府を中心に政府統一のＡＩの包括的な原則の検討がなされ、内閣に設置された統合イノベーション戦略推進会議より「人間中心のＡＩ社会原則」が２０１９年3月に公表された。

この原則は、人間の尊厳が尊重される社会（Dignity）、多様な背景をもつ人々が多様な幸せを追求できる社会（Diversity）、持続性ある社会（Sustainability）という3つの基本理念のもと、(1)社会全体（特に、国などの立法・行政機関）が留意すべき「ＡＩ社会原則」と、⑵その原則をふまえてＡＩの研究開発・運用を行う事業者が留意すべき「ＡＩ開発利用原則」に体系化したものである。そして、⑴ＡＩ社会原則は、①人間中心の原則、②教育・リテラシーの原則、③プライバシー確保の原則、④セキュリティ確保の原則、⑤公正競争確保の原則、⑥公平性、説明責任及び透明性の原則、⑦イノベーションの原則の7つの原則から構成されるとした。

⑵「ＡＩ開発利用原則」としては、前述のＡＩ開発に関するガイドラインのみならず、ＡＩ利活用に関する原則についても総務省で検討が始まり、２０１８年7月に「ＡＩ利活用原則案」が取りまとめられ、２０１９年8月に総務省の「ＡＩネットワーク社会推進会議」から「ＡＩ利活用ガイドライン～ＡＩ利活用のためのプラクティカルリファレンス～」が公表された。ＡＩは、「利活用の過程でデータの学習等により自らの出力やプログラムを継続的に変化させる可能性がある」ため、開発のみならず、利活用においても留意すべき必要があるからである。

ＯＥＣＤが理事会勧告案を策定するために２０１８年9月に設置した専門家会合（AI expert Group at the OECD：AIGO）では、日本から参加した有識者によって、これら「人間中心のＡＩ社会原則」「国際的な議論のためのＡＩ開発ガイドライン案」や「ＡＩ利活用ガイドライン～ＡＩ利活用のためのプラクティカルリファレンス～」がそれぞれの検討の背景や議論内容も含めて紹介され、２０１９年のＯＥＣＤ理事会勧告の原案策定、ひいてはＧ20のＡＩ原則にも大きく貢献したのである。

経済産業省のガイドライン

国内外ではＡＩのシステムやサービス、これらを開発・提供・利用する者に関するガバナンスのあり方が議論され始めたなか、２０２１年7月に経済産業省から「我が国のＡＩガバナンスの在り方 Ver. 1.1」が公表された。そのなかで、日本がとるべきガバナンスアプローチとして「現時点では、特定の分野を除き、ＡＩ原則の尊重とイノベーション促進の両立の観点から、ＡＩ原則を尊重しようとする企業を支援するソフトローを中心としたガバナンスが望ましいと考えられる」ということが表明された。そして、翌年1月には「ＡＩ原則実践のためのガバナンス・ガイドライン Ver. 1.1」が出された。ＡＩ事業者（ＡＩシステム開発者、ＡＩシステム運用者、データ事業者）に対して、各主体が実施すべき6つの行動目標のほか、それぞれの行動目標に対応する仮想的な実践例やＡＩガバナンス・ゴールとの乖離を評価するための実務的な対応例（「乖離評価例」）を例示している。

ここでは、その前年7月に公表された「Governance Innovation Ver. 2―アジャイル・ガバナンスのデザインと実装に向けて」にある「アジャイル・ガバナンス」という概念を取り入れている。「「アジャイル・ガバナンス」とは、政府、企業、個人・コミュニティといったさまざまなステークホルダーが、自らの置かれた社会的状況を継続的に分析し、目指すゴールを設定した上で、それを実現するためのシステムや法規制、市場、インフラといったさまざまなガバナンスシステムをデザインし、その結果を対話に基づき継続的に評価し改善していくモデル」のことである。

このアジャイル・ガバナンスの「アジャイル」とは、もともとアメリカの企業17社がそれまでのソフトウェアづくりで事前に入念に計画を立てるウォーターフォール型の開発のつくり方に苛立ち（往々にして計画どおり開発が進まず、計画の修正が多発し、そのためのドキュメントづくりに多大な労力が払われるなどが原因である）、アジャイル・マニフェスト（アジャイルソフトウェア開発宣言）をつくったことが発端といわれている。その後、アメリカのカリフォルニア・アジャイルという言葉にもみられるが、要は、柔軟性と迅速性をもって改善しながら進めていく手法である。

総務省と経済産業省のガイドラインを統合して、新AI事業者ガイドラインへ

そして、これら総務省のＡＩ開発ガイドライン・ＡＩ利活用ガイドラインと、経済産業省のＡＩ原則実践のためのガバナンス・ガイドラインが統合された。ＡＩ事業者ガイドライン案は、２０２３年12月21日に開催された政府のＡＩ戦略会議において報告され、会議資料として公開されたが、1月から2月にパブコメを実施したのち、近々、成立される見込みである（２０２４年3月現在）。リビングドキュメントとして、今後も随時更新される予定である。筆者吉永は経済産業省のＡＩ事業者ガイドライン検討会の委員として、古川もＷＧのメンバーとしてこのガイドラインの策定にかかわった。

さて、このＡＩ事業者ガイドラインは、事業活動においてＡＩに関係するすべての者（企業に限らず、公的機関を含めた組織全般）を対象としている。事業者を①ＡＩ開発者、②ＡＩ提供者、③ＡＩ利用者（事業活動以外でＡＩに関係する者を含まない）の3つのカテゴリに分け、共通の指針は第2部Ｃに、各カテゴリに特有あるいは重要と思われる事項を第3部から第5部に整理している。広島ＡＩプロセスでとりまとめられた高度なＡＩシステムに関する国際指針および国際行動規範を反映しつつ、一般的なＡＩを含む（想定されうるすべての）ＡＩシステム・サービスを広範に対象としている。

各事業者が、本ガイドラインを参照し、ＡＩの開発、提供、利用において適切なＡＩガバナンスを構築するなど、具体的な取組みを自主的に推進することが期待されている。なお、事業者からは具体的な指針が求められていたため、今回のガイドラインは、本編を補完する位置づけとして、「別添」に、ＡＩシステム・サービスの例、ＡＩによる便益や可能性・具体的なリスクの事例、ガバナンス構築のための実践ポイントや具体的な実践例、本編の各項目に関するポイントや具体的な手法の例示、わかりやすい参考文献の提示のほか、チェックリストの参考も含む内容となっている。

個別分野ではハードローでの対応も

さて、個別分野においても、必要なところでは、法改正を通じてＡＩの動向に対応し始めている。

例えば、「特定デジタルプラットフォームの透明性及び公平性の向上に関する法律」では、広告宣伝費用等の金銭の支払が掲載順位に影響を及ぼす場合等、商品掲載順序等の検索ランキングの決定に用いられる主要な事項は、一般利用者に開示すべきとしている（同法5条2項1号ハ）。２０１７年に成立した改正金融商品取引法では、金融商品に係る取引の発注や変更、取消し等をアルゴリズムを用いて高速かつ自動的に行ういわゆる「アルゴリズム高速取引行為」については登録制が導入され、登録した事業者は、体制整備やリスク管理等に関する業務規制や当局の監督に服することとなった。

さらに、以下の2つの例についてはハードローではないが、個別分野の取組例として紹介したい。

厚生労働省は、2018年12月19日に課長通知を出し、AIを用いた診断、治療等の支援を行うプログラムの利用と医師法17条の規定との関係について、AIを用いた診断、治療等においてもその主体は医師であり、医師が最終的な判断の責任を負うこととしている。

弁護士法72条との関係においても、2023年8月1日に法務省は、「AI等を用いた契約書等関連業務支援サービスの提供と弁護士法第72条との関係について」（法務省大臣官房司法法制部、令和5年8月）というガイドラインを出している。このガイドラインでは、AI等を用いた契約書等の作成・審査・管理業務を一部自動化することにより支援するサービスの提供との関係において考え方を示しているが、弁護士法72条違反となりうる3つの基準（報酬を得る目的、事件性がある、法的見解を述べる）に該当したとしても、弁護士が自ら精査し、必要に応じ修正する方法で使用する場合は違反しないとしている（詳細は第6章の「弁護士」の部分を参照されたい）。

一方、データを活用しやすくするためになされた法改正もある。例えば、２０２２年４月１日に施行された改正個人情報保護法によって新設された「仮名加工情報」によって、委託・共同利用がしやすくなった。元の個人情報の一部を削除したり、ＩＤなど記号で置き換えたりして「仮名加工情報」にすれば、利用目的の変更の制限、漏えい等の報告・本人への通知、開示・利用停止等の請求対応などの義務は免除される。これによってＡＩ開発がやりやすくなったといえる。また、２０１８年に成立し、２０１９年1月から施行された改正著作権法改正では、ＡＩの深層学習における著作物の利用を想定し、30条の４で、ＡＩが文章や画像を学習する際、営利・非営利を問わず著作物を使用できるという画期的な規定が設けられた。世界的には、ＡＩによる学習目的でもインターネット上から著作物を利用した場合には著作権法違反としている国が多いところ、この条項は世界からも注目されている。

「日本は生成ＡＩについて何も規制しない」というのは誤解

世界からは、よく「日本は生成ＡＩについては規制しないのではないか」「生成ＡＩへイブン（haven）ではないか」と思われがちである。実際に、ChatGPTを発明したOpenAIのＣＥＯであるアルトマン氏が来日したときも、日本は生成ＡＩについてウェルカムなようすだからビジネスがしやすいと思って来日したのではないかということもいわれた。

実際、諸外国の人たちに比べて、日本は生成ＡＩに対して確かにポジティブな姿勢ではある。もともと日本人は新し物好きだし、ＡＩやロボットに対しても鉄腕アトムやドラえもんを見て育っているせいかあまり抵抗はない。これまでも海外から来たものを上手に取り込んで日本流に適応させてきた。地方自治体をはじめ、企業でも生成ＡＩを使うところが多くなってきた。

海外では、「ＡＩによって仕事が奪われる」という不安の要素が大きいなかでChatGPTのような生成ＡＩの登場でますます不安や脅威のほうが大きくなっているようすがみられる。しかし、日本は世界のなかでも少子高齢化による労働力不足という非常に深刻な社会問題に直面している。ＡＩをうまく使っていかなければならないのである。そのため、世の中でいわれているリスクは皆で認識して共有しながら、人間にとってよい方法で使いこなしていかなければならないのである。

さて、欧米が思っているように、日本はまったく何も規制していないのかというと、そうではない。

日本の場合、まず生成ＡＩもソフトローであるＡＩ事業者ガイドラインのなかで対応しようとしている。法的拘束力こそなくともこのあと述べるように、日本では、企業が真面目に対応するため、一定の効果がある。さらに、日本ディープラーニング協会（ＪＤＬＡ）は、２０２３年5月1日に「生成ＡＩの利用ガイドライン」を公開し、それをもとに多くの企業が自主的に取り組み始めている。教育の分野においては、文部科学省が２０２３年7月に「初等中等教育段階における生成ＡＩの利用に関する暫定的なガイドライン」を作成している。このため、よく海外のメディアで「日本は生成ＡＩについてまったく規制しない」とか、「野放し規制（hands-off regulation）」というのは誤解なのである。その国の法文化、企業文化をみて、総合的に効果を考える必要がある。

なぜ日本企業はソフトローでも遵守するか

さて、日本では法的拘束力がないソフトローを採用しているといっても、ソフトローが機能する環境にある。歴史的にも戦前から企業団体や企業の代表者が政府の審議会に参加していたこと、日本の経済成長のなかで企業は国の判断に従順に従ってきた歴史だけでなく、政府の委員会において委員として大企業も参加して国のガイドライン作成に関与してきたことで企業はルールメイキングに携わってきた。そのため、日本ではソフトローでも他の諸外国に比べて企業が忠実にガイドラインに従う傾向にあるのである。

日本は他国と比べても、国と企業との間には信頼関係があり、それがソフトローでもうまく機能している要因ともいえる。車や家電に代表されるように、日本の製品は安全であるという安全神話を今後も維持できるように、企業が積極的に国から示されたガイドラインに基づき自助努力をしていくことが期待されている。そうすれば、企業のイノベーションが進むだろう。いちばんよいのは、法的拘束力がない状況で皆がリスクを認識し、それに積極的に対応していくことである。ソフトローであっても日本は真面目に取り組むことで安全なＡＩ開発・利活用をしていることを世界に示せたら、それが理想的である。もっとも、今後、具体的にＡＩの意図しない被害や問題が頻繁に生じるようになった場合には、ハードローの検討もいずれやむをえなくなるだろう。

アメリカ

アメリカもソフトローアプローチをとっている。ＡＩを包括的に規制するガイダンスとして、２０２２年10月４日に、ホワイトハウスの科学技術政策局（ＯＳＴＰ）から「ＡＩ権利章典の構想」（"The Blueprint for an AI Bill of Rights"）が発表された。この名称が実にしゃれている。実は、Bill of Rightsというのはアメリカでは特別な意味をもつ。アメリカで「権利章典」というと、アメリカ合衆国憲法のなかでも人権保障規定（修正１条から10条をいう）を意味するからである。ＡＩ権利章典の青写真は、ＡＩ時代におけるアメリカの市民の権利を保護するために自動化されたシステムのデザイン、使用、利活用に関するガイドで、そこでは自動化されたシステムによって人間が害や不利益を受けないように５つの原則（①安全で効果的なシステム、②アルゴリズムによる差別からの保護、③データプライバシー、④通知と説明、⑤人間による代替、配慮、縮退運転）を掲げるとともに、それらに関連した実例を最後にあげている。特に、刑事司法、採用、教育、健康の分野等センシティブな分野における自動化システムの活用においては、その目的を限定し、システムにかかわる人間のトレーニングを含む監視（oversight）への意味あるアクセスを提供し、不利益や高リスクの判断に対して人間の関与を組み込むよう提言している。

その後、２０２３年7月には、バイデン・ハリス政権が、ＡＩ開発で先行する企業7社（Amazon、アンスロピック、Google、インフレクションＡＩ、Meta、マイクロソフト、Open AI）をホワイトハウスに招集し、自主的な取組みとして、安全でセキュアで信頼性のあるＡＩの開発を約束したと発表した。そして同年9月には、この取組みにアドビ、ＩＢＭ、セールスフォース等8社が新たに参加したことをホワイトハウスが発表した。

省庁内でも、国土安全保障省（ＤＨＳ）が、責任あるＡＩの利用に関する新政策と取組みを２０２３年9月に発表し、そのなかで顔認証や顔検知技術については運用前にテストや評価を行うこととした。

一方、一般的なＡＩリスクマネジメントの枠組みとしては、ＮＩＳＴ（アメリカ国立標準技術研究所）が２０２３年1月に「Artificial Intelligence Risk Management Framework（AI RMF 1.0）」を出している。アメリカは、ＡＩの分野に限らず一般的に「ソフトロー」つまり法的拘束力がないガイドラインで対応する傾向にあるが、ソフトローでは不十分、アメリカ国民の権利を守れないとなった場合に、法的拘束力があるハードローをつくる。最近では、例えば、議員立法でリスク評価を義務づける内容のＡＩアカウンタビリティ法案が出てきている。

州や市町村レベルにおいては、ハードローの動きもあり、例えば、ニューヨーク市が同市に住む求職者と被雇用者に対して利用される「自動化された雇用判断ツール」（"automated employment decision tools"）を規制する法が成立し、２０２３年１月１日から施行された。ツールに利用されるデータのタイプや出所、雇用者側のデータ保持に関する方針の通知や、バイアス監査の実施と監査結果概要の公表、ＮＹＣに住む被雇用者と求職者に対して採用活動においてＡＩを利用する場合には少なくとも10営業日前に通知すること等を盛り込んだ内容となっている。

なお、Ｇ７が広島ＡＩプロセスに関してＧ７首脳声明を出した直後の２０２３年10月30日（アメリカ時間）、バイデン大統領は、「安全でセキュアで信頼性のあるＡＩ開発と利用に関する大統領令」（Executive Order on the Safe, Secure, and Trustworthy Development and Use of Artificial Intelligence）を発令した。安全性のテスト・評価、ＡＩ教育・研究への投資、労働者の支援、公平性と市民権利の推進、消費者の保護、プライバシーの保護、連邦政府のＡＩの利活用、他国との協力について規定されている。この大統領令というのは、行政府の長である大統領から連邦政府の役人や行政機関に対する命令であり、直ちに企業に対して特定の行動を求めるものではない。

EU

世界で初めてハードローとしてのAI法成立に向けて

さて、EUでは世界で初めてハードローで（すなわち法的拘束力がある）包括的にAIを規制する「AI規則」（通称AI法）が成立しようとしている。もっとも、検討当初の2020年10月には、EU加盟国27カ国のうち14カ国（デンマーク、ベルギー、チェコ、フィンランド、フランス、エストニア、アイルランド、ラトビア、ルクセンブルク、オランダ、ポーランド、ポルトガル、スペイン、スウェーデン）が連名で、ソフトローによる解決策に目を向けるべきであるというポジションペーパーを出していたが、ハードローの「規則」として制定される。EUにおける規則（Regulations）というのは、加盟国が直接適用される。

EUでは、2021年4月21日にEU委員会がEU域内のAIを規制する案を出した。そしてパブコメを経て生体認証技術に関する調査や議論を重ね、2022年後半の生成

ＡＩの発表と急激な普及を受けて、生成ＡＩに関する考え方や要求事項が追加された法案が、２０２３年6月14日にＥＵ議会において賛成多数で採択された。その後、ＥＵ委員会、ＥＵ議会、閣僚理事会の三者会談（"trilogue" といわれている）を行い、同年12月7日夜、36時間にわたる連日の議論と交渉の末、ＥＵ議会と閣僚理事会の交渉担当者は、ＡＩ法に関する暫定的な合意に達した。その最終的な合意文書は２０２３年12月19日時点では公表されていないものの、12月9日に閣僚プレスリリースによると、ＥＵ委員会の当初の提案と比べて暫定協定の主な新要素は以下のとおりである

・将来的にシステミック・リスクを引き起こす可能性のある影響力の大きい汎用ＡＩモデル及び、ハイリスクのＡＩシステムに関する規則を設ける。
・ＥＵレベルで一定の強制力を持つ統治システムの見直しを行う。
・禁止リストを拡大するが、セーフガードを条件として、法執行機関による公共空間における遠隔バイオメトリクス認証の利用を認可する。
・ハイリスクＡＩシステムを活用する者は、ＡＩシステム使用の前に基本的人権の影響評価を実施する義務を負うことで、権利の保護を強化する。

ＥＵでは、ＡＩにおけるリスクを4つ、すなわち、①許容できないリスク、②ハイリス

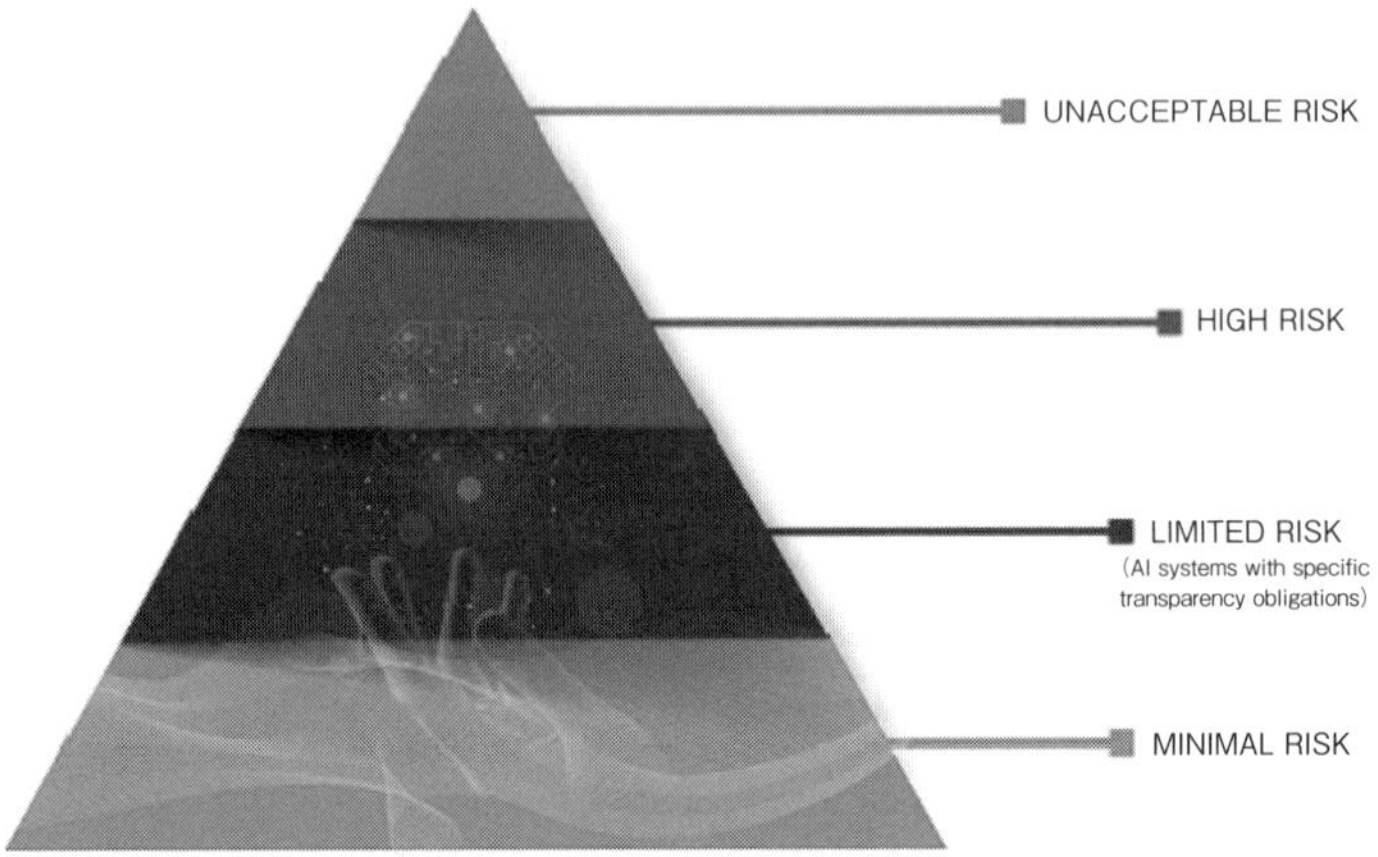

（出所） “AI Act, Shaping Europe's digital future”

ク、③限定されたリスク、④最小限のリスクまたはリスクなしに区分する。①の許容できないリスクとは、人間の安全や生活、権利に対して明らかな脅威を与えるもので、そうしたリスクをもたらすＡＩについては禁止される。②ハイリスクに区分されるもの（例えば、人の生命や健康へ害を及ぼす可能性のある重要インフラ、教育への機会、ロボットによる外科手術にＡＩを応用した製品の安全性、雇用の際の応募書類を選定するソフトウェア、融資を受ける機会を拒否する官民のクレジットスコアリングサービス、人の基本的人権にかかわる法執行、難民・移民の国境時の統制、司法行政や民主的プロセス等）については市場に出る前に厳しいリスクアセスメントやユーザーへのわかりやすい情報の通知等、いくつか義務がある。③限定されたリスクについては特定の透明性原則の義務があるもので、ＡＩシステムが使われていることを通知されなければならないとしている。④最小限のリスクまたはリスクなしのものについては、特に規制はない。例えば、ＡＩ搭載のビデオゲームやスパムフィルターがその例であり、ＥＵ内の多くのＡＩシステムはこの区分に入るとしている。

生成ＡＩについては、以下の透明性に関する要求事項を遵守しなければならないとされている。

・当該コンテンツがＡＩによって生成されたことを明らかにすること
・違法なコンテンツを生成しないようにモデルをデザインすること
・学習に利用された著作物に関する概要を公表すること

２０２３年12月の最終的な合意文書の原文が公表されていないので、12月末執筆現在の報道ベースの情報になるが、12月15日のeuronews nextの報道によると、基盤モデルの開発者に学習方法や学習データ情報の提供を義務づけ、ユーザーに苦情を申し立てる権利を付与し、差別を禁止することが予定されているという。事業者はこれに違反すると３５００万ユーロまたは全世界の総売上高の７％のいずれか高いほうの違反金を支払わなければならない。
フランスとドイツは、自国のＡＩスタートアップ企業を保護するためにも、基盤モデルについては規制しすぎないように警告している。

COLUMN
古川の視点

リスクベース・アプローチに基づくＡＩの4分類？

ＥＵのＡＩ法ではリスクベース・アプローチに基づいてＡＩを4つに分類すると説明されていることについては、説明したとおりである。ただ、実際に法案を読んでみると、様子が異なる。限定されたリスクをもつ限定リスクＡＩに関する規定は、ハイリスクＡＩでも最小リスクＡＩにも適用されるとなっており、実際は、①禁止ＡＩ、②ハイリスクＡＩ、③最小リスクＡＩの3つがリスクベースによる分類で、限定リスクをもつものについては別途追加で規制をするという構造になっている。つまり、①禁止ＡＩ、②ハイリスクＡＩかつ限定リスクＡＩ、③ハイリスクＡＩ、④限定リスクＡＩ（最小リスクＡＩかつ限定リスクＡＩ）、⑤最小リスクＡＩというのが規制の重さの順序なのである。本文にあるピラミッド型の4つの分類図をみると、①禁止AI、②ハイリスクAI、③限定リスクAI、④最小リスクAIの4つのどれかに排他的に分類され、「禁止AIかつハイリスクAI」という規制は存在しない（これはあっている）、「ハイリスクAIかつ最小リスクAI」という規制は存在しない（これはあっている）、「ハイリスクAIかつ限定リスクAI」という規制は存在しない（これは間違っている）ように読めてしまうし、そのような誤った理解をしている人もいる。

わかりやすくするため、図を簡略化するためという意図はわかるのだが、内容が誤っていてはいけないわけで、このようなミスリーディングな説明資料をEU自身が用意するというのはいかがなものだろうかと、筆者古川は思うのである。

EUのAI法は実効性があるか

EUの場合、現在、加盟国は27カ国（2023年12月時点）あるが、EUのAI法が成立すると「規則（regulation）」なので、その法的性質上、加盟国に直接的に適用され、EUの加盟国はすべてそれを遵守しなければならない。すべての加盟国において統一した見解がとられているかと思えば、実は各加盟国とも事情が違い、意見が異なる場面もある。例えば、ＥＵ議会が提案した「リアルタイムの遠隔生体認証システム」については加盟国間でその反応は異なったという。テロや犯罪抑止を重視する国はそれを禁止せずに使いたいと思っているのに対し、国に監視されたくない、プライバシーのほうが重要だと考える国はそれを禁止したいと思っている。その国で犯罪がどのくらい起きているか、テロがどの程度予見されているか、オリンピックやワールドカップ、世界選手権等、世界中の人が集まるイベントを近々開催する予定があるかにもよるだろう。また同じ国のなかでさえも、犯罪抑止でそのようなＡＩを使ったほうがよいという人々と、プライバシーを重視して反対する人々がいる。そのため、なかなかコンセンサス（合意）を得られにくいが、ＥＵとしては「基本的人権」という共通のお題を掲げて実現をしようとしている。法律をつくるほうが法的不確実性を回避できるという。なお、この「リアルタイムの遠隔生体認証システム」については、理事会がいくつかの例外事項を主張していたのに対し、議会は全面禁止という立場をとっていたが、その後、２０２３年12月９日にＥＵ議会から公表されたプレスリリースによると、最終的には、公共空間におけるリアルタイムの遠隔生体認証は、完全に禁止されるわけではなく、テロ攻撃の予見可能かつ予想される脅威、被害者の捜索、重大犯罪の訴追については例外とされたようである。

法律や規制というのは、厳しくすることは容易である。でも、人々の生活を潤すために、経済やイノベーションに与える影響も考えなければならない。EUのAI法立法者たちは、AI法はイノベーションを阻害するものではない、むしろ、法的確実性を与えるから安心してイノベーションができると主張しているが、EUの産業界からは、EUのAI法は行き過ぎで競争を阻害すると反発が出ている。EUのコンピューター・情報産業協会（CCIA）は、当初のEU委員会の案は行き過ぎた規制よりもイノベーションを重んじ、常識あるリスクベース・アプローチのはずだったのに、行き過ぎてしまったといっている。また、EUのスタートアップや発明家の代表団体であるFrance Digitaleも、ハイリスクに分類されたAIはCEマーク（商品がすべてのEUの基準を満たすものにつけられる基準適合マーク）を取得しなければならず、取得にはかなりの時間とお金がかかる作業なのでスタートアップ企業にダメージを与えるだろうとしている。さらに、生成AI・基盤モデルの規制は、プライベートビジネスモデルの公表になってしまい、他社に容易に真似されてしまう危険性があると懸念を示している。

EUですでに活動している大手企業やグローバル企業は、EUのAI法遵守のコストがかかっても対応する体力（体制、リソース、資金力）はあるが、スタートアップ企業や優秀な開発者は、おそらくこのままだとＥＵから離脱して、イギリスやアメリカに拠点を移すのではないか。そうなると、ＥＵ全体の経済にも大打撃を与え、ＥＵのＡＩ法の規制も緩めざるをえなくなるのではないか。

アメリカのブルッキングス研究所のアレックス・エングラー氏も、規制された製品のＡＩシステムは、「ブリュッセル効果」の影響（つまり、ＥＵの個人情報保護規則ＧＤＰＲと同様の影響）を受けるだろうが、既存のマーケット（市場）や国際標準機関、外国政府によって仲介されるだろうとしている。

ＥＵのＡＩ法の実効性にも課題が残る。ＥＵでは各加盟国間の調和をする役割をもつAI Officeを設立し、各加盟国もそれに見合うような体制を整えることが計画されている。ＥＵ加盟国内のＡＩ開発の技術レベルはさまざまであるなか、統一した方針がとれるのか疑問である。そして、各事業者は適合性評価（Conformity Assessment）を行うことが求められているが、各加盟国はその適合性評価のための第三者認証機関（Notified Body）を設置しなければならない。さらに、今後、裁判が起きるようになると欧州裁判所内もＡＩ法に基づいた判断をしなければならない。さまざまなところにＡＩ専門家の配置が必要である。ＡＩ専門家といっても技術者だけでなく、リスクマネジメントやＡＩ倫理の専門家も必要となる。このような体制がまだＥＵ域内で整っていないなか、すぐには実行できないだろう。

ＥＵのＡＩ規制は日本に影響が及ぶのか

このＥＵのＡＩ法が成立・施行されたら、日本には影響は及ぶのか。答えはＹＥＳである。特に、ＥＵ向けにＡＩ製品を販売するところ、ＥＵ域内に工場があり製造している企業は影響を被る。ＡＩ法に違反した場合には、全世界売上ベースでの制裁金が科されることになる（２０２３年12月末執筆時点では、ＡＩ利用の「禁止事項」に対する違反は、最大３５００万ユーロまたは前年度の全世界総売上高の７％のいずれか高いほうの額の罰金を科すことで合意されている。当初の欧州委員会の提案（３０００万ユーロまたは前年度の全世界総売上高の６％）よりも引き上げたかたちだが、それ以外の違反は引き下げ、また、中小・スタートアップ企業に対しては企業規模に応じてより低い上限を認める規定で合意した）。そのため、グローバル企業は、すでにＥＵがＡＩ法案成立に向けて着手したことを公表したときから、それを勉強し、それに対応しようとし始めている。世界でいちばん厳しいＡＩ法に遵守していればどの国からも文句はいわれず、ひとまず安心だからである。そうすると中小企業までもが大手企業に倣うという事態が生じかねないが、ＥＵ法に対応できるのは大手企業である。法令遵守のための準備的コストであるコンプライアンスコストや監査コストも考えると中小企業にとっては厳しい。そのため、中小企業は、ＥＵ法のことは勉強しつつも、国内のガイドラインをひとまず参考にしながら社内でＡＩガバナンス体制を構築し、開発や利用ガイドラインに沿って開発・利活用していくとよい。

4 そもそもＡＩをなぜ規制する必要があるのか

そもそもなぜハードローにしてもソフトローにしても、ＡＩをコントロールしなければならないのか。これまでも新しい技術が出てくるたびに規制をするというのはあった。しかし、ＡＩがこれまでの技術と違い、どういうリスクがあるのか、あるいは「怖い」と思うのかというと、ＡＩではなぜその結果が出たのか因果関係がわからないからだ。これまでのコンピュータは、人間が処理手順（命令）を記述したプログラムに従って動いていたが、ＡＩは「機械学習」（machine learning）という技術で、大量のデータを自動で学習し、ルールやパターンを見つけ、それに基づいて予測や判断をしていく。さらに人間の神経細胞の仕組みを参考にした「ニューラルネットワーク」という複層的な識別を行う機械学習よりもさらに多層化した「深層学習」（いわゆるディープラーニング）となると、なぜそういう結果が出たかもはや人間では判断できない状況も出てくる。この問題をいわゆる「ブラックボックス問題」といっている。つまり、結果について責任を追えないこともある、得体のしれない結果が出てくる可能性があるというところでその「気持ち悪さ」「わからなさ」「怖さ」があるのである。また、ひとたびバイアスが出力されれば（もちろんバイアスは、入力したバイアスがかかったデータから生み出されるのだが）、それが増幅（amplify）されていくというリスクもあるのである。

しかし、そうした技術を慎重に使うことはよいことだが、弊害が出ないうちから予防的にキリキリと厳しいルールをつくってしまうと、たちまちイノベーションを阻害しかねない。よく引き合いに出されるのは、１８６５年にイギリスで出された「赤旗法」（Red Flag Act）である。自動車が出た当時、イギリスでは危ないとして自動車を時速3キロで走行させ、その自動車の前に、注意喚起をする人間が赤い旗を振って歩行するというものだった。しかしながら、それは、イギリスの自動車産業の発展を遅らせることになり、ドイツやフランスに負けてしまったといわれている。技術面で競争優位をとれなければ、ルール面でも競争優位には立てない。他国のルールをそのまま押し付けられるかたちになるのである。そのため、技術力で競争優位に立つことは重要なのである。

第6章

人間なら安心か

1 ＡＩではなく人間だったらいいのか

近年、ＡＩを活用した事例でこういうことも起きている。

・２０１２年、アメリカでスーパーマーケットへの就職を希望していた男性がＡＩの心理テストによって不採用となり、同じＡＩ心理テストを使っていた同業他社からも次々と不採用となり、２０１９年に自殺した（不採用となって絶望的になって自殺したという説やもともと患っていた精神の病（双極性障害）から自殺したという説もある）。ＡＩによるバイアス・雇用差別の事案としてアメリカではよく引き合いに出される。

・南米コロンビアの判事が、限られた収入の親が保険医療サービス企業に対して自閉症の子どもの診察や治療費等の免除を申請した裁判で、判決文の作成にChatGPTを利用していた。ChatGPTに、「自閉症の未成年の子どもは治療費から免除されるか？」などと質問したところ、ChatGPTは「はい、コロンビアの法律によると、自閉症と診断された未成年者は治療費が免除されます」と回答したという。その後、ある大学教授が同じ質問をしたところ、別の回答が出たという（２０２３年2月各種報道より）。

・アメリカのニューヨーク州の弁護士が、男性が飛行機内で怪我して航空会社を訴えた事案で、存在しない判例を6件引用し、それがのちにChatGPTを利用して引用された架空のものだったことが判明した（2023年5月各種報道より）。
・児童虐待の傷害致死容疑で母親が逮捕された三重県の事件において、児童相談所はAIの評価が「保護率39％」だったことで一時保護を見送っていた（2023年7月各種報道より）。

AIを使ってひとたび問題が起きると、「AIに頼ったからこういうことになる」「もう使わないほうがよい」という方向に議論が行きがちである。AIを使わなかったら事故は起きなかったのか、人間がどこかでチェックをしていれば事故は防げていたのか等について考える必要が出てきた。エラーというのはさまざまな要因が絡み合って起きるということもいわれている。今後もAIを利活用することによってさまざまな問題が起きるだろう。

そこで、AIだったら嫌なのか、AIよりも人間のほうがいいのか、いろいろ事例をあげて考えてみたい。AIにされて嫌なことは何なのか、人間にしてほしいことは何なのか、考える手がかりとしていただければと思う。

コールセンター

コールセンターなどのカスタマーサービスの場面では、AIをすでに活用している。AIが文字や音声で回答することに味気のなさを感じるかもしれないが、実は、AIのほうがうまく解決してくれることもある。電話越しに人が出て来るのを永遠に待たされることも解消され、AIのほうがテキパキと問題を解決してくれることもある（アメリカで、筆者吉永はそれを実感したことが多々あった）。国のサービスレベルとも関係があるが、ある場面では人よりもAIのほうがすぐに解決してくれて満足度が高い結果になることもある。

AIの性能がよくなっていくと、コールセンターの仕事はやがてなくなるといわれている。アメリカで実験したところ、AIにはマニュアルどおりの簡単な応答を任せ、結局、人間は怒りの顧客を相手にしなくてはならなくなり、人間がストレスを感じたという報道もあった。逆に、顧客側もとにかく話を聞いてもらいたいという場合には、コールセンターの相手は人間のほうがよいと思うだろう。

占い師

では、占い師はどうか。株式会社ＡＬＩＣＯＲＮが２０２３年４月に行ったアンケートによると「ＡＩ占いを利用したい人」は全体の44％で半数を下回った。若い人はＡＩによる占いに抵抗がないかと思いきや、意外と年齢比率に関しても大きな差はなかったという。肯定派の理由としては、①「ＡＩは統計に強く、正確な結果が出そうだから」、②「興味があるから」、③「より客観的なアドバイスをくれそう」、④「気軽に利用できるから」、⑤「ＡＩのほうが悩みを打ち明けやすいから」、⑥「人間の占い師が監修しているから」、⑦「結果をすぐに知れるから」、というのがあげられた。逆に、否定派からは、①「ＡＩには信用が持てないから」、②「ＡＩは人間味を感じないから」、③「占い師に直接会って話を聞いて欲しいから」、④「顔色やオーラなども含めて占って欲しいから」、⑤「霊視などによる鑑定は人間しかできないから」、と「やはり人間がいい」ということがあげられている（株式会社ＡＬＩＣＯＮプレスリリース「今話題のＡＩ占いについて３００人に調査！ＡＩ占い肯定派は約44％」（２０２３年６月20日））。

どの要素を重視するかは人それぞれだが、「霊視などによる鑑定は人間しかできないから」という理由以外は、「ＡＩ占い師」におよそ限った話ではなく、ＡＩによるサービス全般に当てはまる。

相談相手

各種相談においても、上記の占い師の例がおおよそ当てはまるだろう。気軽さや短時間ですませたいというスピード、客観性を重視する場合には、無機質なＡＩのほうがよいと思う人もいるだろう。自分のことをよく知らない他人にあーだこーだ言われるよりも、自分の内面をみつめることができるようなＡＩに聞くほうが気楽と思うかもしれない。逆に、目を見てうんうんとうなずきながら「人」に聞いてもらいたいということもあるだろう。

生成ＡＩを相談相手にしてプログラミングができた！というおもしろい例がある。プログラミング教育を全学部生の必修科目としている九州大学で大学生の生成ＡＩの活用方法を調べたところ、プログラミングについて聞ける友達がいなくても生成ＡＩに聞き、１人でプログラムを書くことができたという学生がいた（国立情報学研究所「「大学生の生成系ＡＩ活用実態と今後の展望」乗添凌太郎／ウンクアイー／池田悠登／iQ Lab／九州大学」

（YouTube）https://www.youtube.com/watch?v=wWYryI0RdvE（２０２３年9月20日アクセス））。周囲に聞ける人がいなくとも、生成ＡＩに気軽に聞いて目的を達成できたのである。

COLUMN
吉永の視点

ロボットとの生活

ロボットは、現段階では人間がプログラムした通りに動き、また物理的存在であるため、ＡＩとちょっと性質が違うものの、ロボットよりも人間のほうがよいのかという議論と同様に考えられる。ＡＩを搭載したロボットが世の中で当たり前になるのは時間の問題である。

ある特別養護老人ホームでの実践事例を紹介したい。コミュニケーションロボット「ＰＡＲＬＯ（パルロ）」を導入してみたところ、「入居当時から職員に対して暴力的な言動があり、険しい表情をして、ベテランの介護職員が接しても心を開かなかった」入居者（70代）が、笑顔が増えて表情が豊かになったという。その介護士によると「嫌悪感を示した高齢者はひとりもなく、高齢者は「会話は成立するけど利害関係がなくて裏切らない」というロボットの本質を理解し、そのような存在を求めているのではないかと推測してい」るという（社会福祉法人横浜市福祉サービス協会特別養護老人ホーム新鶴見ホーム「コミュニケーションロボットで見えてきた介護の未来」（国際福祉機器展ウェブサイト））。

これをみると、人間よりもＡＩのほうが気がラク、本音を話せるという領域があるように思われる。

採用担当者

就職活動において、自分の採用をＡＩが判断したらどうか。ＡＩによって落とされたら納得できるか。

いわゆる「人事×テクノロジー」の「ＨＲ（Human Resources）テック」の分野では、ＡＩサービスがどんどん出てきている。採用、採用後の人事評価・人材配置、離職率判断等、人事におけるあらゆる場面ですでにサービス開発・販売がされ、実際に利用され始めている。アメリカでは、すでに企業の79％（Society of Human Resources Managementによる2022年2月の調査）が採用にＡＩおよび／またはオートメーションを利用しているという。採用の場面では、書類選考をするツールから、面接における利用（質問の内容を提案、面接を分析・判定、実際にインタビューを実施する等）などいろいろな活用方法がある。しかしながら、Amazonが開発したＡＩ採用サービスで白人男性が優位に評価されてしまう問題が起きて２０１８年にサービスが中止になったり、わが国では２０１９年にリクナビが登録している就活生の閲覧履歴をもとに内定辞退率を予測して他企業に情報を販売していたことがわが国の個人情報保護法や職業安定法違反となったりした事案は記憶に新しい。

よく欧米で議論になるのは、ＡＩによる採用は、バイアス（偏見、差別）があった場合にそれをさらに深刻化させるという懸念である。特に欧米では、性別や人種において問題になるが、わが国では性別のみならず、学歴に関するバイアスという問題もある。

２０２１年、アメリカにおいて、労働を所管する米国雇用機会均等委員会（The U.S. Equal Employment Opportunity Commission: EEOC）は、採用活動や雇用判断におけるＡＩ

の活用が、当局が所管する連邦法に合致することを保障する取組みを開始した。例えば、2023年5月に、求職者や労働者への差別防止のためにガイダンスを出し、雇用差別の禁止を規定した連邦の基本法である「1964年公民権法第7編」(Title VII of the Civil Rights Act, 1964) がHR関連の利活用にAIを組み込んだ自動システムにも適用されるという方針をあらためて確認した。また、EEOCは、2023年8月に、初めてAIによる差別に関する訴訟で和解が成立した。この事案は、家庭教師の企業によって採用が拒否された者が当該企業を年齢による差別をしたとして訴えたものである。求職者は1回目の出願で拒否されたことが不可解だったので、2回目に同じレジュメで年齢のところのみを変えて再出願したところインタビューしてもらえることになった。そこで、EEOCに苦情を出し、EEOCが200名を超える出願者を代表して年齢と性別に対する差別だとして訴訟を提起したものである。結局、55歳以上の女性と60歳以上の男性がAIを搭載した採用ツールによって自動的に排除されていたことが判明し、それは差別禁止法に違反するとして当該企業は36万5000ドルを支払うことで合意したという。

また、2021年12月には、ニューヨーク市議会でニューヨーク市に住む求職者と被雇用者に対して利用される「自動化された雇用判断ツール」("automated employment decision tools[7]）を規制する法が成立し、２０２３年1月1日から施行された。同法では、バイアス監査の実施と監査結果の概要の公表および、ニューヨーク市に住む被雇用者と求職者に対して採用活動におけるＡＩの利用に関する通知（少なくとも10営業日前に通知）、ツールに利用されるデータのタイプや出所、雇用者側のデータ保持に関する方針の通知等を規定している。

採用者は人間である以上、なんらかのバイアスはもっている。本来ならば、公平でなければならないのはいうまでもないが、例えば単に面接で求職者とウマがあった、明確な基準もないままになんとなくガッツがあると感じた、一緒に仕事ができそうと感じたというのもあるだろう。また、民間企業には「採用の自由」もある。仮に男性だけを採用する会社があっても、あるいは国公立大学出身者のみを採用したいという会社があっても、その会社は社会的にバッシングを受けるだけで、いずれは社会的に淘汰されていくだろうが、基本、自由なのである。採用というのはこれまで実は公平性や透明性が確保されてきたとはいえない。

しかしながら、公的部門における採用は別である。公的部門においては公平・公正さは担保されなければならない。

そこで、実は、うまく設計をすれば、ＡＩのほうが採用担当者によって左右されない統一性、客観性、公平性を得ることができるともいえる。またロジックが明確であれば、透明性も担保できる。さらに求職者にとっても、これまで数があまりにも膨大ゆえにちゃんと読まれなかったエントリーシートもＡＩに取り込んでちゃんと判断されたほうが、採用されるチャンスがあるかもしれない。

ＡＩをうまく使いながら採用を行えば、逆に公平性が保たれるほか、膨大なエントリーシートに埋もれて見落としがちだった「実は優秀な人材」も採用できる可能性があるという利点があることを指摘しておきたい。

与信判断

冒頭の例にもあげたように、「ＡＩがＮＯと言ったので融資は受けられません」というケースも起き始めている。「銀行担当者になぜローン申請が拒否されたのですか？」と聞いて、「ＡＩがそう答えたから」と言われても納得がいかないだろう。２０１９年に、アップルのクレジットカード事業がある女性の利用限度額を夫の20分の1に設定したため、女性がクレームをすると、アップルの担当者は、「理由はわかりませんが、当社は本当に差別などしていません。それは単に、アルゴリズムによるものです」と答えたという。

こうした問題が起きることは、アメリカでは以前から予測されており、２０１６年のＦＴＣレポート「Big Data: A Tool for Inclusion or Exclusion? Understanding the Issues（FTC Report）」でも指摘されていた。一般に低所得者層が住む地域に住んでいるというだけで、郵便番号の情報だけで一方的に不当な判断がされてしまうリスクがあるのである。担当者によって、同じケースでもこれまで貸すと判断する人と貸さないと判断する人がいただろうが、なぜその結論に至ったか、申請者が納得できるロジックを説明できないと消費者フレンドリーとはいえない。

国会答弁

２０２３年4月、西村康稔経済産業大臣（当時）は、ChatGPTを将来的に国会答弁の作成に活用する可能性について、古い情報や誤った情報も入っているのでいまの段階で直ちに使えるというものではないとしたものの、将来的にはプロセスを効率的に行うにあたって、ＡＩは有力な補助ツールになりうるという考え方を示した。実は、経済産業省では、

2018年度に国会業務の効率化に関する調査研究として、生産性向上など働き方改革の一環として国会答弁案作成業務にAIを活用しようと実証実験を行っていた。

たしかに、国会答弁の準備には相当の時間を要し、官僚の長時間労働の原因の1つでもある。官僚を支えるシンクタンクでも同様の問題が起きている。したがって、国会答弁を効率的に準備するためには膨大な過去の答弁のデータを迅速にかつ効率的に検索できるAIは有用である。

ここで、仮にAIの性能がよくなって「国会答弁」を完全にAIに任せることができる世界を想像してみる。国会答弁とは質疑者の問題意識や戦術に人間臭さが出るような場所だったのに、どの議員でも変わらずに同じ質疑応答をするということになると、何のための誰による政治なのかもはやわからなくなる。国民が主権をもつ民主主義国家においては、選挙により自分たちの「代表」を選び、その「代表」を通して政治に参加し、自らの意思を政治に反映させる仕組みなはずなのに、AIが完全に国会答弁を行うことができることになったら、極端にいうと、もはや誰が国会議員になってもよいことになってしまい、民主主義の根底を揺るがす事態になる。

西村経済産業大臣（当時）も先の発言のなかで「あくまで質問通告があってやりとりを

するなかで、質問者の意図というものをくみ取りながら最終的に答弁をつくっていきますから、これは職員の仕事、人間の仕事だと思います」としている。

したがって、ＡＩを有効活用しながら、質問者の意図をくみ取りながら、さらに深い議論ができれば、それは民主主義を補強するツールにもなりうる。

弁護士

法律の相談というと弁護士にするが、ＡＩ弁護士の場合はどうか。弁護士の指示・監督のもと法令や判例を調べるパラリーガルの場合は、ＡＩによって将来仕事がなくなるということがいわれている。弁護士も将来はＡＩによって代替されるのではないかということもいわれているが、一般の相談と違って、例えば刑事裁判の場合は、事実認定に関する微妙な判断、最新の法律をも考慮に入れた法律の当てはめの部分は、依然として人間が判断するしかないだろう。1つとして同じ事実はないし、法令には解釈の幅があるからである。国立情報学研究所の佐藤健教授が開発した「プロレグ（ＰＲＯＬＥＧ）」というＡＩが判決に至った理由を推論できる判決推論システムがある。「コンピュータが扱いやすい最終段階の「判決フェーズ」をカバーするもの」で、「第一段階の事実認定およびそれに続く第二段階のあてはめは、依然として検察官なり弁護士なりの人間がカバーする領域となる」と示されている（山田哲朗「ＡＩが判決の理由を推論する（ＰＲＯＬＥＧ）―判決推論システムＰＲＯＬＥＧの可能性」NII TODAY第97号）。

また、法務業務や手続にＩＴ技術を活用する「リーガルテック」の分野で、例えば、ＡＩを活用した法令・判例検索サービスや契約書の作成・審査・管理サービスなどのサービスが登場しているが、そうしたサービスは、弁護士法72条の非弁行為に抵触するのではないかというグレーゾーンの問題があった。弁護士法72条では、弁護士資格をもっていない者が法律サービスを行ういわゆる「非弁行為」を禁止しているのだが、こうしたサービス自体を弁護士または弁護士法人以外の、例えば企業の人が使うこと自体が弁護士法72条に当たらないかがよくわからないとされてきたのである。そのため、企業はそうした便利なツールを利用することを控えてきた。この点について、２０２３年8月1日に法務省は、「企業の法務機能向上を通じた国際競争力向上や、契約書審査やナレッジマネジメントにおける有用性等に鑑み、弁護士法72条の趣旨を踏まえつつ、同条とリーガルテックとの関係の予測可能性を高める」目的でガイドラインを示した。今回は、「ＡＩ等を用いて契約書等（契約書、覚書、約款その他名称を問わず、契約等の法律行為等の内容が記載された文書又はそれらの内容が記録された電磁的記録をいう。以下同じ。）の作成・審査・管理業務を一部自動化することにより支援するサービスの提供」との関係においてのみ考え方を出したものだが、当該ガイドラインでも述べているように「いわゆる生成ＡＩを用いたサービスの提供と同条との関係についても、原則として同様の枠組みで判断されるべきものと考えられる」としている。

ポイントは、以下の３つのすべてに該当した場合は、弁護士法72条違反となるということだが、

① 報酬を得る目的がある
② その他一般の法律事件である（事件性がある）
③ 法律の専門知識に基づいて法的見解を述べる「鑑定…その他の法律事務」に当たること

上記３つの要素に該当しても、弁護士が自ら精査し、必要に応じ修正する方法で使用する場合は違反しないとしている。

今回のガイドラインにより、リーガルテックの普及が加速されるだろう。そうなると、ＡＩサービスもますます洗練化されていき、いずれは前述したような人間しかできなかっ

た問題がやがて解消され、ＡＩが法律業務を行うという時代も来るだろう。

裁判官

では、ＡＩが裁判に使われることはどうか。極端にいえば、ＡＩによって裁かれるのはどうか。

おもしろい実証実験がある。２０２３年5月、東京大学の学園祭で「ＡＩ裁判官による模擬裁判」が行われた。そこでは検察官、弁護人、被告人は人間が務め、裁判官役をChatGPTが担った。それを傍聴していた人たちからは、ＡＩの利点としては公平性や（被疑者の）見た目に影響されないということがあげられた一方で、「人間の裁判官だったら有罪だったのでは」「ＡＩに判断されて納得できない」「刑事裁判には心情的なものが強いため、現時点では刑事裁判は人間のほうが適切にできる」というような意見があった（ＮＨＫサイカルジャーナル「ChatGPTが裁判官？ＡＩに裁かれる未来 受け入れますか」（２０２３年5月18日）より）。

裁判所におけるＡＩ活用で問題になったケースとして民間企業が開発した「COMPAS（Correctional Offender Management Profiling for Alternative Sanctions）」と呼ばれるプロ

ファイリングに基づく再犯リスク評価システムがある。ＣＯＭＰＡＳは、犯罪歴、雇用状況、教育レベル、家族の犯罪歴、信条などから再犯リスクを10段階で評価するものだったが、過去の犯罪歴データに基づいて、黒人の再犯リスクを白人の2倍に評価していた。２０１６年7月13日にウィスコンシン州において、裁判所における刑事裁判の量刑判断に際してＣＯＭＰＡＳを用いることが認められるかが争われた。正確性が担保されず、検証手段もないシステムにより再犯リスクを評価されることは不公正であり、憲法の適正手続きに反するとして訴訟が提起されたのである。この判決では、ＣＯＭＰＡＳを用いることは認められたが、あくまでも裁判官による判断の一材料としなければならず、当該量刑判断に至ったそれ以外の要素について説明しなければならないとされた。

アメリカでは、このＣＯＭＰＡＳが賛否両論はあるものの審理において利用し続けられており、過去10年間において全米１００万件以上の法廷審理で利用されてきた。被疑者を保釈や仮釈放してもよいかを判断するために再犯率をみるために使われたり、どのような刑罰を与えるか量刑を決めたりする際に使われている。

さて、ＡＩによって裁かれることについて考えてみたい。

わが国では、三審制をとっており、当事者が望めば第一審、第二審（控訴審）、第三審

（上告審）と原則3回まで審理を受けることができる。つまり、裁判では不平不満があれば上訴できる。1回きりではない。そうすると、ＡＩにまず判断してもらい、その後、不平不満があれば上訴して人間によって裁かれるという方法も考えられる。おもしろい調査結果がある。「刑事事件と民事事件とでは、刑事事件でＡＩ裁判を受けたくない気持ちの方が強い」というのだ（太田勝造「裁判支援ＡＩシステムへの国民の受容可能性 事実認定・法的当てはめ・判断支援」２０２1年度人工知能学会全国大会より）。

第一審でＡＩに裁いてほしいかどうか、それとも人間に裁いてほしいか、人間が選択できる世の中になるかもしれない。あるいは、第一審はまずＡＩによって裁いてもらう時代もくるかもしれない。

特に、コモンロー（英米法）を採用している国（アメリカ、イギリス、カナダ、オーストラリア、ニュージーランド、インド等）では、裁判所における判決の積み重ねを重視するため、ＡＩはなじみやすいかもしれない。しかしながら、時代の変化に応じた要素を組み込むことはむずかしいだろう。例えば、妊娠中絶の問題に関してもアメリカではひところに比べて世論が変化している。

また、ＡＩは新しい法改正にはついていけないため、それをふまえた判断となるとむずかしいだろう。

ODR×AI――オンラインのADR（裁判外紛争解決制度）にAI？

さて、裁判によらずに迅速に簡易な方法でもめごとを解決する「裁判外紛争解決制度（Alternative Dispute Resolution; ADR）」という手法がある。裁判外紛争解決手続の利用の促進に関する法律1条によれば、「訴訟手続によらずに民事上の紛争の解決をしようとする紛争の当事者のため、公正な第三者が関与してその解決を図る手続」である。あっせん、調停、仲裁等の種類があるが、裁判よりも手続は簡易で短期間で柔軟に解決し、非公開で柔軟で低価格ですむという利点がある。わが国でも金銭債権に関する紛争や、商事紛争、知的財産、電子商取引、事業再生、金融・保険、職場環境、不動産賃貸借、交通事故、家事、スポーツ、エネルギー、医療等において幅広くADRは利用されている。

そこで、ADRをオンラインで行うODR（Online Dispute Resolution）という制度がある。もともとアメリカでeBayのような電子商取引のウェブサイトで売り手と買い手との間のトラブルを解決する制度として始まったものだが、ODRに関しては2000年初頭からわが国でも経済産業省をはじめとして次世代電子商取引推進協議会（ECOM）などで調査研究をしてきた。電子商取引における紛争で活用されることが期待されていたが、デジタル化の遅れなどもあり、アメリカやカナダほどに思うように進まなかった。それが、最近になってまた注目され始めている。世界的にコロナのパンデミックもあり、ODRが再び注目されたのもあるが、法務省が2022年3月に「ODRの推進に関する基本方針～ODRを国民に身近なものとするためのアクション・プラン～」をまとめ、中期的に（今後5年程度）「機能、デザイン等の面で世界最高品質のODRを社会実装し、スマホ等の身近なデバイスが1台あれば、いつでもどこでもだれでも紛争解決のための効果的な支援を受けることができる社会を実現する」ことを目標としている。そのアクションプランに基づき、日本弁護士連合会は2023年、法務省から公益財団法人日弁連法務研究財団が受託した「ODRの社会実装の促進に関する調査研究業務」の一環で「ODR実証事業」を行っている。

ODRにAIを組み合わせるということもすぐに起きるだろう。もちろん、インプットされるデータがデジタル化されていることが前提だが、そうすれば、さらに迅速化が期待できるかもしれない（2000年代初頭にADRやODRに関する数々の調査研究にかかわった筆者吉永としてはそれを期待している）。

アメリカでは、ODRにAIを組み込んだ製品が開発・販売・利活用されている。

自動運転

自動運転については抵抗感が少なくなってきているものの、現段階では、日本では、まだ自動運転に抵抗がある人のほうが多いだろう。実際、「完全自動運転車を信用できますか」という問いに対し、「信用している」という回答は3割弱の調査結果（Uvoice調べ2023年5月23日）もある。

特に、日本は運転免許をとる基準が厳しいし、日本人は世界のなかでも運転マナーがよいといわれている。そういう社会では、AIよりも人間による操作のほうが、信頼がおけるだろう。しかし、交通事故が多い国では、むしろ自動運転のほうが事故を少なくできるかもしれない（筆者吉永はアメリカのワシントンD.C.郊外のメリーランド州で交通事故を毎日のように目の当たりにし、アメリカではむしろ自動運転のほうが安全か？とも思った）。また、日本でも高齢者による運転ミスを最近ニュースでみることが多くなった。特に、「ブレーキとアクセルによる踏み違い事故は、75歳未満が全体の0・5％に過ぎないのに対し、75歳以上の高齢運転者は7・0％と高い」（内閣府「令和2年交通安全白書」）そうだ。こうした人間の操作ミス（ヒューマンエラー）によって引き起こされる事故は、ＡＩであれば回避できるかもしれない。実際、ＡＩ搭載の自動車も開発されているところである。日本では高齢化社会がいっそう進み、移動が困難になる人が多くなると安心・安全な自動運転による移動手段は一種の救世主になるかもしれない。

人間よりもＡＩの運転技術がよくなれば、将来的には、自動運転が主流になるだろう。

以上であげたほかにも、ＡＩを組み込んだ商品やサービスは多く展開されている。私たちは常に「これはＡＩに任せてよいのか」を自問自答して、社会全体として考えていかなければならない。

2 人間の信頼性とは

では、ＡＩに任せるのか、人間に任せるのか、についてどのような点を考えればよいのだろうか。１つの重要な指標に「どの程度間違えるか」というものがある。よく指摘されることとして、「ＡＩは完ぺきではなく間違いを犯すので、重要な場面では人間が意思決定を行うべきである」というものがある。一見もっともらしいが、よく考えてみると、人間も間違いを犯す。少なくとも「人間は完ぺきではなく間違いを犯す」というのは紛れもない事実である。

人間というのは、どの程度合理的で正しい意思決定を行うことができるのだろうか。人間の合理性については、かねてより疑問が呈されてきている。たとえば、行動経済学では、人間の意思決定がいかに不合理かが研究されている。行動経済学者でノーベル経済学賞も受賞しているダニエル・カーネマンは一般向けの書籍である『ファスト&スロー　あなたの意思はどのように決まるか？』（早川書房、２０１４年）と『ＮＯＩＳＥ　組織はなぜ判断を誤るのか？』（早川書房、２０２１年）において、バイアス（ここでのバイアスの意味は、ＡＩでの差別におけるバイアスとは別の意味である）とノイズという2つの点から人間の意思決定の不合理さを解き明かす（筆者古川は、原著で読んだので紹介した翻訳版は読んでいないが、内容は非常に素晴らしいので、ぜひ読んでみることをおすすめする）。

いくつか例を紹介する。例えば、リンダという女性がいるとして、この女性がどのような人物か次の説明を読んで考えてほしい（『ファスト&スロー　あなたの意思はどのように決まるか?』より)。

リンダは31歳の独身女性で、歯に衣着せぬ物言いで非常に賢い。学生時代は哲学を専攻していた。差別と社会正義に関する問題に深い関心があり、反核兵器デモにも参加していた。

さて、リンダはどんな人だろうか? 次の選択肢①から⑧すべてを確率が高そうな順に並べてみてほしい。

① 小学校の先生である
② 書店員で、ヨガ教室に通っている
③ フェミニスト運動の活動家である
④ 精神医学のソーシャルワーカーである
⑤ 女性有権者運動のメンバーである
⑥ 銀行員である
⑦ 保険の営業をしている
⑧ 銀行員で、フェミニスト運動の活動家でもある

どうだろうか? 筆者古川の友人は、③>②>①>⑤>⑧>④>⑦>⑥という順であっ

た。皆さんも考えてみてほしい。あまり深く考えず、数秒で感覚的に順位をつけてみてほしい。

実は、この実験の意味は、⑥と⑧のどちらをより確率が高いと考えるかの比較にある。イメージ的に⑧のほうが確率が高そうだが、理論的に考えてみると、⑧は、⑥かつ③であり、必ず⑥よりも確率が低い。カーネマンの行った実験では大学生の89%が、統計の専門授業を受けた大学院生の85%が、⑧のフェミニストかつ銀行員のほうが、銀行員よりも確率が高いと答えたという。

これは人間のもつバイアスの1つであるステレオタイプ化によるものである。リンダの説明を読んで抱いたイメージを優先してしまうのである。そして、銀行員のステレオタイプなイメージと比較するのである。マッチしない。だが、フェミニストを加えるとマッチする。このような考えで選んでいるのである。人間の判断がいかにいい加減かということである。

次にノイズの例を紹介しよう（『NOISE　組織はなぜ判断を誤るのか?』より）。ノイズについても、カーネマンは多くの例を紹介している。例えば、Aさん（リーダーシップ3、コミュニケーション7……）のようなかたちでデータが与えられ、（たとえば、管理職にした後や採用した後の）パフォーマンスを予測するタスクでは、国際的なコンサルティングファームで働く博士号レベルの心理学者の予測よりも、ＡＩと呼べないような簡単な統計モデル（多重線形回帰）のほうがよい予測を行ったということである。さらに、別の実験では、あなたの判断を真似るように学習した簡単なモデル（多重線形回帰）のほうが、あなたが個々の事案に対して出した予測よりも、よい予測を行った。人間が負けた理由はさまざまであるが、カーネマンの指摘では、理由の1つとして人間がもつノイズがある。つまり、同じような事案に、ある時は○と予測し、ある時は×と予測する人間のもつ判断の揺れである。

また、昼休み前になると厳しくなる刑事裁判官の例もバイアスである。刑事裁判に関するバイアスの例は多数紹介されており、例えば、15人の裁判官が集められ、同じ麻薬事件に対する量刑を出したところ、刑務所の期間が1年から10年の間という大きなばらつきがあった。また、フランスでは被告の誕生日には寛大な判決がなされる傾向にあった。

話をまとめると、人間の判断にはバイアスが存在する。このため、ＡＩにも同じようなバイアスが存在しているのである。他方、人間にはノイズ（日によって、同じ案件に対する判断が異なる）が存在する。むしろＡＩのほうがノイズは存在しないぶん、ましなのかもしれない。もちろん、ＡＩはめったに間違えないが間違えたときには人が死ぬような間違いをする一方、人は若干頻繁に間違えるが人が死ぬような間違いはしないというような間違いの内容による違いもあるので、簡単に正解率だけを論じるわけにはいかない。ただ、ＡＩが間違えるたびに、「ＡＩは危険だ」「ＡＩを使うべきでなかった」というのは意味がないであろう。人間より正しく判断できるのがＡＩであればＡＩを使えばよく、それで間違えたからといって、ＡＩを使うべきでないというのは筋違いであろう。いままで若手が担当してきた判断を、より判断の精度がよいベテランの人間に変わったところ、ある日、間違いを犯したときに、「ベテランを使うべきではない！」ということが的外れであるのと同じである。

重要な点は、どちらが精度がよいかということである。また、「ＡＩか人間か」のような枠組みで、話をしてきたが、どちらか一方でなくてもよい。「ＡＩの判断を人間がチェックする」というかたちが精度の点でベストなら、そうすればよい（なお、このような人間によるチェックを踏めば精度が上がるとは限らない。ＡＩの正しい判断を人間が書き直してしまうこともあるのである）。どのようなオプションでもよいので、精度がいちばん高いのはどれかという判断基準をもつことが重要なのではないだろうか。

なお、精度の点について以上紹介してきたが、「精度がどちらが高いか（つまり、どちらが間違いが少ないか）」だけが、AIに任せるかの判断要素ではない。いくら精度が人間よりも高いからといっても、AIが死刑判決を下すことに違和感を覚える人は多いのではなかろうか。これは、正統性の問題だといえそうである。つまり、このような問題については人間が判断すべしという正しさに関する考えがあり、それに基づいているのである。その背景には、しっかりと人間が話を聞き反論の機会を与える必要や「心をもった者」にしかできない領域があるのではないか。

なお、余談だが、精度に関係なく「ここは人間が行う必要がある」という領域をEUの一定の専門家は広くとる傾向があるように思う。EUの専門家と話をしていて、「むしろ人間こそ信頼できない、AIと精度を競ってよいほうを使えばよい」という話をしても「理解できない」という顔をする（いや、筆者古川の英語が酷くて通じていないだけかもしれない。ただ、そんなことは他では発生しないので違うのだろうと信じたい）。このようなEUを真似して、採用AIの出力に対しては人間によるチェックを行うべきという意見も存在する（EUのAI法案では、法律上必要になる）。だが、人間がAIの判断をチェックすることで精度が下がっては、意味がないのではないか？　死刑判決を出す場合と異なり、もっと即物的に考えてよいのではないだろうか。このあたりの正統性に関する国による意識の違いを考えて、あるべきルールを考える必要があろう。

第 7 章

AIがもたらす可能性

これまでＡＩのリスクについて議論してきたとおり、ＡＩのリスクがフォーカスされがちであるが、ＡＩによってどんないいことが、どんな希望がもたらされるのか、いま一度考えてみたい。

1 生産性向上

ＡＩによる生産性の向上は（生産性とは何かという問題はさておくとして）、ＡＩのもたらす機会として、いうまでもないであろう。いままで人間が行っていた作業を、コンピュータが高速に、24時間休むことなく行ってくれるのだから、作業効率は当然上がる。そのぶん、人間は他のことにフォーカスできる。その意味で、人間は単純な「作業」からは解放されるはずである。人手不足にも対応できる。また、動画視聴者に対するレコメンドのようなＡＩがなければ実施できないサービスも存在する。つまり、いままでにない新しいサービスを提供することができる。

例えば、東京都港区は、東京23区内で昼間人口（就業者や通学者が就業・通学している人口。区の常住人口－区からの流出人口＋区への流入人口）が最も多いが、２０１８年を「港区ＡＩ元年」として、区民サービスの向上と働きやすい職場づくりの2つの視点からＡＩを積極的に活用している。ＡＩ技術や、ＲＰＡ（Robotic Process Automationの略。単純な定型作業を自動化する技術）などの先進テクノロジーを駆使しながら、庁内業務の大幅な効率化を実現している。例えば、職員の事務の効率化を図る目的で、これまで職員が録音データを聞きながら手作業で作成していた区の会議の議事録作成に、ＡＩの音声認識や機械学習の技術を活用した自動で文章化をする「ＡＩ議事録自動作成ツール」を導入し（２０１８年5月本格導入）、庁内２００以上の会議で利用したところ、導入前は1時間の会議当り4時間程度かかっていた議事録作成が、導入後は30分〜1時間程度になったという（港区情報政策課ＩＣＴ推進担当係長（当時）の皆川浩氏、日野麻美氏からの情報）。

また、ＡＩスタートアップのＡＢＥＪＡと三菱ガス化学株式会社は、ＡＩを用いた化学プラントの腐食配管の外観検査システムを開発し、人的コストを50％削減することができた。つまり、業務効率が2倍になったのである。

このような生産性向上は、人口減少による人手不足が顕著な日本では特に重要である。運輸業界、介護業界、教育業界等、人手不足により崩壊の危機が指摘されている業界は多数存在する。いま、われわれが享受しているさまざまなサービスの維持のためだけであっても生産性向上は必須であり、ＡＩによる生産性向上を活用すべきであろう。

また、日本の生産性が諸外国と比べて低いことも指摘されている。日本の生産性を向上させる方法として、ＡＩを諸外国よりもより積極的に利活用していく必要があるのではないか。

2 効率化

ＡＩのもたらす利点として、効率化もしばしばあげられる。例えば、２０２２年11月に鹿児島市で公共交通機関が少ない郊外の利便性を高めようと、利用者の予約に応じてワゴン車で送迎する新たなサービスの実証実験を開始したという報道があった。電話やインターネットによる事前予約に基づき、利用者をスーパーマーケットや病院など、希望する場所まで運ぶサービスで、配車にはＡＩを導入し、交通状況などをふまえて最適な運行ルートを検索するため、人的な負担軽減も期待されるという（ＮＨＫ鹿児島ＮＥＷＳ

ＷＥＢ「利用者の予約に応じてワゴン車で送迎するサービスの実証実験」２０２３年11月13日配信)。過疎地域やインバウンド観光客が多い地域におけるＡＩによる効率的な配車はニーズが高く、この分野でのＡＩの利用は拡大していくと思われる。

COLUMN
古川の視点

コミュニケーションの効率化

国際会議に出ていると、非英語ネイティブの方が、非常に強い訛りで非常に早く話すために、何を言っているのかよくわからないということがある（ちなみに、ネイティブの人にどういう話であったのか聞いても、20％くらいしかわからなかったという返事があったことがあり、おそらく話者本人以外誰にも何を言っているのかわからないという状況もよくあることである）。訛りはさておき、せめてゆっくりと喋ってくれればよいと思うのだが、流暢と思われたくて早くしゃべってしまうのであろう。まあ、さておき、これではコミュニケーションがうまくいっていない。ところが、喋っている内容を文字にしてくれるＡＩが存在し、このＡＩがなかなか優秀で、上記のようなよくわからない英語でも（多分、ちゃんと）文字にしてくれる。喋っていることは聞き取れなくても、文字を読めば言いたいことがわかるので、非常に便利である。

また、国際的な会議では英語でコミュニケーションを行う。アメリカ人などは、多様性やインクルーシブを声高に主張するのだが、「コミュニケーションは英語で」というのは、多様性やインクルーシブの点から問題ないのだろうかと筆者古川などは疑問に思うのだが、まあ、とりあえず、英語でコミュニケーションを行う。ただ、当然、非ネイティブは英語を勉強しなくてはならない。膨大な時間を費やす必要があるのである。仮にある程度英語をマスターしても、不利益は残る。Tatsuya Amano氏が2023年に発表した「The manifold costs of being a non-native English speaker in science」という論文では、英語が共通言語になっている科学の世界で、英語が母語ではないことによるデメリットを定量的に分析している。論文の読解に91%多くの時間が必要であり、英語が原因による論文の却下率が2・6倍高いなどである。このような国際的なコミュニケーションの効率化にAIが大いに役立つことは明らかだ。

国際的なコミュニケーションの必要性は、今後ますます増えていくであろう。その際の補助としてAIを使う必要性はますます増えてゆくだろう。

3 危険な作業の回避

従来は人間が行っていた危険な作業をＡＩが代行してくれるということもある。例えば、危険な場所の調査や検査などが典型例である。災害の際のＡＩ・ロボットによる救出や宇宙開発における利用がすぐに浮かぶだろう。ドローンを使って壁面などの画像を取得しＡＩがそれを評価する例なども存在する。また、即座に生命の危険がなくても、長期的な健康リスクがある作業や、生命の危険がなくても身体を負傷する危険のある作業をＡＩに代行させることは大きな意味があろう。

危険な作業とまではいえないが、人間には大きな負担になる作業をＡＩに代行させるということも価値がある。例えば、コンビニのファミリーマートは、店舗従業員への作業負担が大きい飲料補充業務をＡＩロボットによって自動化している。

人を危険から救うというのは非常に重要な価値である。しばしば、ＡＩの開発に危険な作業を行う従業員の行動データを集める必要があるが、多くの場合では、プライバシーよりも、生命や身体の安全なほうを重視すべきであろう。

4 評価してもらえる機会の創出・公平な評価

ＡＩを用いた作業等の「見える化」がさまざまなところで行われている。当然プライバシー上の問題が生じるのだが、他方で、いままで十分に貢献がみえていなかったため評価されてこなかったバックヤード従業員などの評価につながることにもなりうる。

仕事等において、いままで適正に評価されてこなかった人が、ＡＩによる見える化で評価されるようになるということは、その人の幸福感や達成感の点から重要である。

学習用データ、学習プロセスが適切であれば、公平性や客観性の観点からも有用である。例えば、第６章でみたように、採用する側からみれば思ってもいない素晴らしい人材の確保、採用される側からみればより公平な採用が期待できるだろう。

5 社会の安全

ＡＩを使った社会の安全の実現も重要である。つまり警察が、犯罪を予防することや、犯人を捜すことにＡＩを利用するのである。このようなＡＩの利用については反対も多い。現にＥＵのＡＩ法案では、警察による顔認識の利用は禁止される。（すでに第2章で述べたとおり）ＡＩ法案でも、原案では、重大犯罪やテロ、誘拐された子どもの捜索のための利用は認められていたが、議会による修正案によりこれらの利用も禁止されることになろうとしていた。その後の交渉により、最終的には、これらの例外的な利用は許容されることになっている。ＥＵの専門家と話をしていると、ナチス時代の警察による監視や、共産党時代の警察による監視が、警察による顔認識利用への反発の背景にあるようである。つまり、警察が顔認識を悪用して、国民を監視するのではないかという点に対する不安が大きいのである。ただ、これも、透明性を確保してどのように利用しているのかをみえるようにすれば足りるのではないかとも考えうる。

治安や犯罪状況、警察への信頼、警察の透明性などは国ごとに異なるのであり、これらを適切に考慮して、警察によるＡＩ利用のあり方を考える必要があり、ＥＵやアメリカをただ真似ればよいという話ではないであろう。

6 学習の機会・能力の向上

ＡＩによって、その人の現段階の理解度や学習の進み具合に応じたカスタマイズされた学習が可能になる。すでに学習塾が提供するオンライン教材にあるが、例えば、問題が解ければ、どんどんむずかしくなるし、間違えれば、より基礎的な問題を出したり、間違えた問題をＡＩが抽出して理解度が不足している問題に焦点を絞った復習問題を生成してくれたりする。そして問題を解くごとに学力を伸ばすためのアドバイスももらえる。英語に関しても、ＡＩを使った対話型の英語教材は、ネイティブの発音で、会話が成り立つごとにどんどん難易度を上げて話してくれる。発音内容も細かく採点できるものも出ているため、発音も向上する。

アメリカの小学校では、ＭＡＰ（Measures of Academic Progress）テストと呼ばれるコンピュータ形式の学力テストがあるが、ＡＩを活用しているため、正解すればどんどん出題される問題がむずかしくなる。そのため、回答結果によって各生徒に出される問題内容は異なるが、学年相当のレベルに達しているかを測ることができるだけでなく、それよりも上回っている場合等、本当の学力を測ることができる。学年相当レベルよりも上回っている場合には、上級クラスやギフテッドプログラムという特別なプログラムに入ることができたり、飛び級ができたりするのである。

日本のようなペーパーによる統一テストだと、学年相当のレベルに達しているかどうかは測ることができるものの、それ以上の能力があったとしてもその可能性を阻んでしまう。このように真の学力を測り、１人ひとりの能力を引き出す意味でもＡＩを搭載した学力テストの活用は、わが国でも検討の余地がある（吉永京子「教育現場における生成ＡＩの活用―米国ロースクールにおける生成ＡＩの取り組みの紹介と法学教育における生成ＡＩ利活用に関する一考察」（有斐閣Online、２０２４年1月29日））。

人間はみな、得意分野はそれぞれであるが、ＡＩを学習に取り入れることによって得意なところをどんどん伸ばせるようになると同時に、不得意な分野は基礎に立ち返らせてくれる。

将棋や囲碁、チェスの世界では、すでにAIソフトウェアが人間に勝っている。例えば、将棋AIソフトの「ポナンザ」は、700万局にも及ぶ自己対戦を行っているのだが、それは人間が1年に3000局の対局をしたとしてもおよそ2000年かかる計算であるという（NHKスペシャル取材班『人工知能の「最適解」と人間の選択』NHK出版新書、2017年）。AIは人間が考えもしなかった新しい可能性を示し、人間もそこから学び、さらに強くなっていく。実際、報道によると、藤井聡太棋士も八冠時代に、序盤戦に強いAIソフトを使って練習をしたところ、連敗していた対戦相手に勝てるようになったという。棋士もAIソフトを活用しながらそういう学習をしているように、いろいろな学習の場面でAIは人間に気づきを与え、能力向上の一助となるのである。

7 熟練技能者の技能を保存

わが国では、人手不足の製造業で特に高齢化が進んでおり、技能継承の課題がある。熟練技術者が引退する前に技術伝承をしなければならないが、技術を伝承する時間が十分にとれなかったり、人材が確保できなかったりする課題がある。そのほか、そもそも熟練技術者がもっている知識やノウハウというのは、そもそも技術者個人の知見や長年の経験、勘に基づく簡単に言語化できない「暗黙知」のようなものである。そうしたベテラン自身でも説明することがむずかしい「暗黙知」を、ＡＩ・ＩｏＴ等の先端ＩＴ技術を使い形式知化することによって技術伝承を支援することもできる。ものづくり大国といわれてきた日本では、こうしたものづくりの分野にＡＩを活用していける可能性が多くある。

8 待機児童の解消

従来、社会問題となっていた待機児童の問題は、保育の受け皿の拡大や就学前の子どもの減少などによって年々解消されてきているものの、ＡＩを利活用することで保育所の割り当てが瞬時に可能になるなど、待機児童解消に向けたさらなる一助として期待できる。

すでに実証実験を経て本格導入している自治体もある。例えば、東京都港区では２０１８年７月から実証実験を行い、２０１９年度から本格導入したが、職員15人程度が約500時間（1週間程度）かけて判定していた業務をＡＩが4分に短縮し、通知の早期発送が実現できたという（港区情報政策課ＩＣＴ推進担当係長（当時）の皆川浩氏、日野麻美氏からの情報）。自治体ではいわゆる認可保育園と呼ばれる公共保育所の入所選考業務が複雑である。親の勤務時間や勤務地や疾病・障害、看護・介護の有無等、保育の必要性をみる選考指数に加え、新規申請か待機中か、きょうだいの有無、ひとり親か近隣に祖父母がいるかの保育状況等の調整指数、さらに希望施設やきょうだいの入所希望等、申請者の要望や施設側の空き状況など総合的にみなければならない。そのため、これまでは手作業で行っていたこれら業務が特に人口が多い自治体では職員の負担も大きかったが、この保育所の割当ての業務をＡＩがさまざまな要因から瞬時に割当ての提案ができるようになったのは、自治体だけでなく、保育所を必要としている人にとっても助かる。

今後は、導入が随時進められている「マイナンバー」との組合せで、さらに便利かつ早期にＡＩで待機児童を解消できる可能性がある。先行しているデンマークの事例を紹介したい。

デンマークでは、マイナンバーを利用して、待機児童問題も申請等の煩雑さも解消している。簡単にいうと、復職予定時期をあらかじめ申請しておくと、その時期までに市・区が保育所を用意し入園できる保育所の通知がオンラインで届く。また、児童手当や育児給付金の申請もオンラインで可能となっている。

デンマークでは、すべての行政手続をオンラインでできる「市民ポータル」（borger.dk）が存在する。そこでは、子どもが生まれた途端に、病院から市に通知され、子どもにすぐにCPRと呼ばれる10桁の個人識別番号、いわゆるマイナンバーが付与される。親は、育児休暇から職場に復帰する予定の時期をオンラインであらかじめ申請しておくと、その時期までに市・区が保育所を探して入園できる保育所の通知がオンラインで来るので待機児童問題はないという（デンマーク在住の小島ブンゴード孝子氏の話より）。これは、市区町村にとっても、いつ頃保育所のニーズが出るか把握できるメリットがあると思われる。児童手当や育児給付金の申請もオンラインで可能である。子どもが生まれたという事実が病院から通知されるので、自動的に指定の銀行口座に振り込まれる。デンマークの親は、日本のようにあくせく市・区役所に赴いて申請したりせず、インターネットにアクセスできる環境があれば自宅にいながらにしてこれらすべてができているのである。デンマークではマイポータルというサイトがあり、そこには、このCPR番号と暗証番号、MitID（旧NemID）と呼ばれるワンタイムパスワードを入れると自分の情報にアクセスすることができる。カードリーダーの必要もなく、個人番号、自分で設定した暗証番号、MitIDの3段階のセキュリティを経ているので非常に簡単かつセキュアである。

こうしたデンマークの例を参考にすると、マイナンバーの活用とともにAIを活用すれば、子どもが生まれた時から保育所のニーズがわかり、保育所を用意する十分な期間が与えられ、必要な時にすぐに保育所に入ることができるようになる。デンマークの人口は日本の20分の1だからデンマークの例は参考にならないという指摘もあるだろう。わが国においてはマイナンバー制度の相次ぐシステムトラブルやアナログの紐づけによるミスで、出だしから印象が悪くなってしまったが、もともと細かい手続は日本人の得意とする分野であったはずだ。それこそ人海戦術だけで行おうとせずに、デジタル・AIをうまく使いながら、オペレーションやチェック体制（システムおよび人間）、セキュリティをしっかり確立したうえで取り組めば、人口が多い日本でもデンマークのようにいろいろなことがマイナンバーでできるようになり便利さを実感できるだろう。

9 ヘルスケア

がんの発見

医師でも見落としがちな小さながんをＡＩは発見できるといわれている。そのため、ＡＩによって早期発見が可能になる。さらに、ＡＩによってがんの発生場所を特定できるようになることで、標的治療や個別の治療を行うことができるという。

ＡＩの登場によって、人類が長い間解決できなかったがんの治療にようやく希望の光がみえてきたといえる。

新薬の開発

創薬分野でもＡＩが果たす意義は大きい。新薬を開発する期間と費用は年々増加し、また、確度の高いターゲット遺伝子は限られ、創薬がむずかしくなっているなかで、医薬品候補分子の探索や薬物動態の予測、病理画像解析による薬効・安全性の評価等にＡＩを活用することで創薬プロセスを大幅に短縮できるとともに、医薬品の開発の成功確率も向上するといわれている（中外製薬ウェブサイト「ＡＩを活用した新薬創出」）。これも人類にとって意義のあるＡＩの使い方である。

臓器移植

臓器移植においてもＡＩの活用の可能性が広がる。血液型、地理的に受け取りやすいところにいるかどうか、臓器移植を受けた際に拒否反応が出ないか体質等をみて、ＡＩが優先順位リストをつくってそれを医師に提案するということがもうすでにアメリカでは話題になっている。筆者吉永のイェール時代の研究仲間でもあるデイビッドＧ・ロビンソン氏（現在は、ChatGPTを開発したOpenAIのポリシー企画部長）もその著書『Voices in the Code: A Story about People, Their Values, and the Algorithm They Made』において、腎臓移植を例に、アルゴリズムの可能性、それからコミュニティが決定に関与することでより公平な決断をすることができるということを述べている。

声の復活

病気などで声を失った人が、ＡＩによって自分の声を再現することもできる。例えば、１９８６年公開の映画『トップガン』で主人公のライバル役を演じた俳優ヴァル・キルマーは50代で咽頭がんとなり声を失ったが、２０２２年に公開された続編『トップガンマーヴェリック』で彼の声がＡＩ技術により再現されたのである。このようなＡＩの使い方は声を失った人に希望を与えるものだろう。

10 環境問題

ＡＩ開発には多くの電力を消費するので、二酸化炭素の排出量が増えて、地球温暖化をむしろ促進してしまうことへの懸念が多くある一方、環境問題の解決にＡＩ・人工知能が貢献することも期待されている。例えば、ＡＩを用いて効率的な漁業ができれば、無駄な漁船の燃料を削減することができる。また、スマートシティ（内閣府の定義では、「ＩＣＴ

等の新技術を活用しつつ、マネジメント（計画、整備、管理・運営等）の高度化により、都市や地域の抱える諸課題の解決を行い、また新たな価値を創出し続ける、持続可能な都市や地域であり、Society 5.0の先行的な実現の場」）において効率的なエネルギーの配分もできる。

このように、ＡＩは環境問題の解決にも大きく貢献しようとしている。ＡＩを環境保護のために用いるという考えは、広く研究されており、両筆者が所属しているＯＥＣＤによる取組みであるGlobal Partnership on AI（ＧＰＡＩ）でも、「A responsible AI strategy for the environment（環境のための責任あるＡＩの戦略）」として、２０２１年から取組みがなされている。ＧＰＡＩの２０２１年の報告書でもＡＩを用いて環境問題に立ち向かう方法を多数紹介している。例えば、衛星画像を分析して森林破壊を検知する、浸水に脆弱な地域を発見する、太陽光発電の発電量予測を用いた送電の最適化、異常気象による農業生産への影響の予測、物流輸送の最適化などさまざまである。

２０２３年の酷暑でも環境問題を意識した人は多いと思うが、外国ではより酷い被害が以前から発生しており、環境問題がかねてより大きな問題となっている。筆者古川は毎晩のようにアメリカのニュース番組を見ているが、季節によっては毎週のように異常気象による洪水や大規模な山火事などが多くの死者を発生させてニュースになっている。このような世界にとってきわめて重要な課題である環境問題に対して、ＡＩは非常に有力な解決策の１つとなることが期待されている。

もっとも冒頭で述べたようにＡＩの電力消費だけでなく、今後ＡＩが搭載された金属製のロボットが開発されるようになると、その廃棄やリサイクルの方法も考えなければならない。あるいは、そもそも土に還ることができる生分解性（biodegradable）の素材でつくるということも検討され始めている。

11 人間に寄り添う存在？

ＡＩが搭載されたロボット、つまり人間と会話できるロボットが開発されている。相槌の仕方や間隔、目の動き方等それぞれの研究が進んでいる。ChatGPTに代表されるように大規模言語モデルの加速度的な進化は、今後、それを物理的に体現したロボットと組み合わさって人間のようになっていくだろう。それこそ、のび太くんにとってのドラえもんのような存在は現実になりつつある。

第 8 章

何をすればよいのか

これまで述べてきたようなリスクを軽減するためには、具体的に何をすればよいのか。

1 人間によるチェック、モニタリング

1つには、AI開発をする段階、テスト運用中にチェックを行うのはもちろん、AI商品サービスが出た後も随時モニタリング、そして不具合があれば見直して改善するというプロセスは必要である。最初から完璧なものができるわけがなく、試行錯誤した結果のものであるから、改善していくプロセスを組み込むことが大事である。

なお、モニタリングの一内容として、出力が正しいかを人間が確認することについては、第6章で触れた。

どのような事項をどういう指標で、どの程度の頻度でモニタリングするのかといった事項は、AIの性質等に応じて決めるしかない。リスクが低いと判断された場合であっても、そのリスク判断が完全とは限らないことと、必ずしもすべて予測することができないことを念頭に置いておくべきである。

さて、精度を考慮に入れて、どのような場合に人間のチェックを行うべきか。実際のところは、さまざまな事情を考慮に入れてプラス・マイナスを比較して決めるしかない。ただ、大まかに次のようなことがいえるのではないだろうか。

まず、人間を介在させないことが精度や安全性の点から最善であれば、第6章で触れた正統性の問題が存在しない限りは、ＡＩに任せるのがよいであろう。それが最善の結果を生むのだから。

問題は、このようにＡＩに任せてしまうのが最善といえない場合である。この場合、すべて人間が介在するのが最善かといえば、そうではない。考えてみてほしい。インターネットショッピングサイトでのおすすめ商品の推薦について、人間のほうが精度の高い推薦ができるからといって、推薦をすべて人間が行うべきだろうか。ＡＩでかまわないという人がほとんどであろう。これは、ＡＩが変な判断を行っても、大した影響が生じないからである。つまり、まず、ＡＩの判断が誤った場合に生じる影響が少なければ、ある程度ＡＩに任せてしまってよいのではないか。

ここから先は少々高度になるが、議論を続ける。筆者古川が２０２１年にとあるシンポジウムで発表した内容が最近書籍（福岡真之介・杉浦健二・古川直裕・木村菜生子編著『Ａ

Ｉプロファイリングの法律問題――ＡＩ時代の個人情報・プライバシー』商事法務、２０２３年）になったので、その内容を簡単に紹介する。ここでは、採用ＡＩのようなプロファイリングと呼ばれる人間に対する判断を行うＡＩについて考える。ＡＩの誤判定により生じる影響だが、重大な影響を生じる場合もあれば、ほぼ影響が生じない場合もある。まあ、両者の中間もあるだろう。

このような、重大な影響がある場合、ほぼ影響がない場合、両者の中間というかたちで分けていく。そして、ほぼ影響がないような場合は人間の介在は不要であろう。中間の場合には、個々の出力を人間が確認する必要はないが、定期的に全体傾向を確認する程度は必要であろう。問題は、重大な影響がある場合である。重大な影響がある場合は、原則として事前に出力をすべて人間が確認すべきと考える人も多いようだが、妥当であろうか？人間が確認を行う以上、それなりにコストがかかるのであり、ＡＩの導入をためらう要素にもなりかねない。また、例えば、採用ＡＩなら、応募者が納得しているのであれば、いちいち人間が出力を確認する必要もない。つまり、ＡＩの分析対象となっている人間が不服を申し立てた場合だけ、ＡＩの出力を再検討すればよいのではないか。それが最も効率的であろう。ただ、このような手段をとれない場合がある。１つ目は、誤判定によりあまりに重大な権利侵害が生じる場合であり、いったん不服申立てを待つということが許されない場合である。例えば、逮捕するかをＡＩが決めるような場合、不服申立てによりＡＩの判断を覆すまでは逮捕されたままというのは、さすがにまずいのではないか。２つ目は、あまりに不服申立ての数が多く、人間が判断しきれない場合である。この場合には、全体的な傾向の分析を人間が行う程度にとどめざるを得ないのではないか。３つ目は、分析対象者に不服申立ての機会が与えられていない（ＡＩによって分析していることを知らされていないような場合を含む）場合や、ＡＩの分析があっているかを判断できないような場合（がんかどうかを患者が判断しろといわれても困る）である。このような場合には、事前か事後かは別として、すべての出力を確認するしかないであろう。

なお、以上のような議論は、あくまで人間が出力を確認したほうが精度が向上するという前提であり、ＡＩだけに任せたほうがよいのであれば、ＡＩだけに任せるべきであり、人間の介在のあり方を検討する必要はないと考えている。

2 適切なタイミングでの人間の介入

第6章で述べたように、AIが得意なものと人間が得意なもの、あるいは人間しかできないものがある。AIが得意なのは、膨大なデータがあるときに計算、分析し、予測（推論）することである。膨大な量をさばきたいとき、迅速性、統一性、客観性（そもそものデータが主観的なものだったらダメだが）をもたせたいときはAIを活用することは有用である。マニュアルに落とし込めるような単純作業はAIのみに任せることもできる。

しかしながら、AIは少ないデータでは推論できないし、〝微妙な〟さじ加減や〝総合的に〟考えなければならないことは苦手である。

第6章のAI国会答弁やAI弁護士、AI裁判の箇所でみたように、結局、単純作業を司るAI以外は「人間によるチェックと判断」を組み合わせなければならないのである。

第6章では弁護士の例を考えてみたが、医療においても医師法17条の規定により医業は医師しか行うことができない。この医師法17条との関係で、AIを用いた診療、治療においても、主体は医師であり、医師が最終的な判断の責任を負うこととされている。

人間の生命や人生の選択に大きな影響を及ぼしうるものについては、やはり人間のチェックを入れないと、何か事故が起きたときに、人間は「やはり人の目でチェックしておくべきだった」と思うのではないだろうか。

ただし、AIの精度が向上し、人々がAIを信頼するようになった場合は、異なる判断もありうるだろう。

3 透明性（Transparency）

定義の問題

特に深層学習を用いたAIの場合、判断過程が不明になるというブラックボックスゆえに透明性が必要だといわれることが多い。このようなAIに関する情報開示として、透明性以外に説明可能性（Explainability）やアカウンタビリティ（Accountability）という言葉も使われる。実は、諸外国の政府が作成したガイドラインなどでも、これらの用語の意味は異なっており、透明性について議論する場合には注意が必要である。筆者古川も、諸外国の専門家と一緒に、あるＡＩプロジェクトについて倫理的な点からアドバイスしていたとき、出てきた資料のなかに「Explainability and Accountability」というタイトルがあり、資料作成者は両方とも情報開示に関する概念だと思っていたので１つの章にまとめたのだが、専門家の１人が、両者はまったくの別物なので別の章にすべきと言い出し、長々と議論しだしたのをみたことがある。つまり、透明性やアカウンタビリティや説明可能性という言葉の意味が一義的に決まっておらず、議論する際にはきちんと定義しておかないと無駄な議論を行うことになるということである。

少し専門的になるが、諸外国のガイドライン等においてどうなっているのか紹介する。まず、アメリカ商務省の機関であるアメリカ国立標準技術研究所（National Institute of Standards and Technology、略してＮＩＳＴ）が２０２３年に出している「Artificial Intelligence Risk Management Framework（AI RMF 1.0）」（以下、ＡＩリスクマネジメントフレームワークという）では、「Accountable and Transparent」という章で、透明性は、ＡＩシステムまたは出力に関する情報がシステムとやりとりしている個人にとって利用可能な程度を意味するとしている。つまりは、関係情報をどの程度開示しているかに関する概念である。対して、アカウンタビリティについては定義がなく、アカウンタビリティは透明性を前提にしているということが述べられているにすぎない（他には、担当組織を決めるといったところでアカウンタビリティが述べられている）。また、「Explainable and Interpretable」という章において、説明可能性とはＡＩシステムの動作の根底にあるメカニズムを明らかにすることとしている。さらに解釈可能性という概念も定義し、設計された機能上の目的という文脈におけるＡＩシステムの出力の意味を意味することとしている。やや意味がむずかしいが、つまり、ＡＩシステムには「顔認識で個人を特定しゲートの通過の可否を決める」などの目的が存在するわけで、そのような目的という観点からのＡＩの出力の意味ということである。説明可能性は、ＡＩシステムがどう機能しているのかの説明に関するものなのに対して、解釈可能性はなぜＡＩシステムが特定の予測や推薦を行ったかを説明することに関する概念としている。そして、透明性はＡＩシステムにおいて「何が起こったのか」という問いに答えるものであるのに対して、説明可能性は「どのように」システム内で決定がなされたのかという問いに答えるもので、解釈可能性は「なぜ」システムにより決定がなされたのかという問いに答えるものであるとしている。

同じアメリカでも２０２２年にホワイトハウスが定めた「Blueprint for an AI Bill of Rights」（以下、AI Bill of Rightsという）では、ＡＩの開発や利活用等を指導する原則である５つの原則のうちに透明性もアカウンタビリティも存在しない。「Notice and Explanation」という原理がかわりに存在し、市民に説明すべき事項や知らせるべき事項について論じている。つまり「Notice and Explanation」というかたちで「ＡＩとして開示すべき情報」全体を扱うという立て付けになっている。非常にシンプルな構成である。

では、ＥＵはどうか。「ETHICS GUIDELINES FOR TRUSTWORTHY AI」（２０１９年）では透明性に関する定義はなされていないが、透明性はexplicable（説明可能、理解できる）の原則に密接に関連していると述べ、①追跡可能性（Traceability、ある出力を行ったデータセットやアルゴリズムが文書化等されていることなど）、②説明可能性（Explainability AI、システムに関する技術的プロセスと関連する人間の決定を説明することができること）、③コミュニケーション（ＡＩシステムは人間のようにみえてはならない）を含むものとしている。追跡可能性という明らかにＮＩＳＴのＡＩリスクマネジメントフレームワークやAI Bill of Rightsでは想定していない要素が入っているのである。また、アカウンタビリティについても、明確な定義はないが、（人間の監視、頑健性と精度、プライバシー、透明性、多様性・公平性、社会的環境的健全性の同ガイドラインで定められている）他の要求事項を補完するもので、公平性の原則に密接に関連していると述べ、①監査可能性、②悪影響の最小化と報告、③トレードオフ（さまざまな要求事項間で対立が生じる場合にトレードオフが必要になり、これに合理的に対処すること）、④賠償を含むものとしている。どうもアカウンタビリティを説明責任という意味では用いていない。

最後に日本をみてみよう。透明性やアカウンタビリティに触れているのは「ＡＩ利活用ガイドライン」である（なお、現在は、「ＡＩ事業者ガイドライン」に統合されている。ただし、「ＡＩ事業者ガイドライン」は執筆時点では「案」のため、ここでは比較対象に入れていないが、結論だけいうと、同ガイドラインにおける定義も、また異なっている（日本のガイドライン間で定義が違うとはどうなっているんだ!!））。同ガイドラインでは、透明性は、入出力等の検証可能性および判断結果の説明可能性を指すものとしているようである。一方アカウンタビリティについては、「判断の結果についてその判断により影響を受ける者の理解を得るため、責任者を明確にしたうえで、判断に関する正当な意味・理由の説明、必要に応じた賠償・補償等の措置がとれること」と述べ、説明責任という要素と責任を負うこと（答責性）の両方を含む概念としている。ただし、ここでの（アカウンタビリティの点からの）説明責任と透明性で求められる情報開示の関係については重複しているようにみえ、どう違うのか不明なままとなっている。

以上みてきたとおり、透明性等の概念の定義や整理については、さまざまであり、どれが正解ということでもない。リンゴのことを、フルーツAやフルーツBと（きちんと断ったうえで）呼称をしても問題はない。A、Bでもかまわない。さらにいうと、本書ではリンゴのことをオレンジと呼ぶことにしても、ややこしくはあるが、誤りではない。つまり、この手の定義の問題というのはどれが正解という話ではなくて、わかりやすさや、使いやすさ、文書における目的などを考えて定義すればよい。本書では、情報開示に関しては、わかりやすさを重視して、（AI Bill of Rightsのように1つの概念に開示に関する課題をすべて包含させることとして）透明性という概念だけを用いる。なお、アカウンタビリティも別途扱うが、意味はアカウンタビリティのパートで取り扱う。

どのような情報を開示すべきか

では、どのような情報を開示すべきか。具体的な状況により開示すべき情報の範囲は異なるため一概にはいえない。例えば、誤判定が重大な結論を及ぼすようなAＩとそうではないAＩで開示すべき情報に違いがあるのは当然であろう。また、開示というものは、①どのような目的で、②誰に対して、③どのような情報を提示するのかを具体化して考える必要があり、具体的な状況に応じて決定するものである。

また、国の考え方によっても差異が出る。筆者2人が所属しているＡＩ法研究会という団体では諸外国の透明性に関するルール比較を行っているのだが、そのなかでＥＵのＡＩ法案とアメリカのAI Bill of Rightsで要求されている開示事項を比較すると、大きな差異がある。以下のような事項はともに開示が求められている。

・ＡＩ利用の事実
・判断根拠に関する説明
・ＡＩに対する変更
・ＡＩに関して責任をもつ主体
・想定利用用途
・ＡＩにより生じる影響

対して、AI Bill of Rightsだけで求められることとしては以下のような事項である。

・システムの全体的な機能説明やＡＩが担っている役割
・想定ユーザー
・ＡＩの透明性が適切に確保されているかの自社で行った評価の結果

そして、EUだけで求められるのは、主要なものとして以下のような事項である。

・精度
・AIを利用すると想定される人に対する性能
・入力データの種類や品質などの、AIの性能に影響を与える可能性のあるユーザの行動に関する情報

なお、日本はどうかというと、本稿執筆時点の日本のガイドラインでは、透明性として開示すべき事項の詳細化が十分に行われておらず、USやEUとの比較に入れる意味に乏しい。もっとも、現在のところ、日本も新AIガイドラインを策定中であり、そのなかで開示内容の詳細化がなされると思われる（なお、本稿執筆後の2023年12月に同ガイドライン案が公表されたが、開示すべき事項の記述はさらなる充実が必要であろう）。

このように比較してみると、EUは、精度など、「突っ込んだ」情報開示が求められていることがわかる。一方、EUもアメリカも、学習用データの開示、アルゴリズムやソースコードの開示までは求めていない。やはり、これらの開示は営業秘密の保護の点やセキュリティ確保の点から開示を求めることは行き過ぎであろう。

4 アカウンタビリティ（Accountability）

ＡＩが何か不適切な判断等を行った場合、場合によってはその責任を誰かが負わなければならない。このようなＡＩによる出力等の責任を企業等が負うということをアカウンタビリティと本書では呼ぶことにする。もっともアカウンタビリティといっても内容は抽象的であり、具体化するならば以下のような事項の実施がポイントとなる。

責任主体の明示

ＡＩについて、責任主体となる個人や組織を明示すべきである。企業であれば、企業名でよいであろうし、企業名に加えて「ＡＩプロダクト開発チーム」のような部署名を加えてもよいであろう。また、企業名に加えて「法務部長」のような職名や「開発チーム最高責任者古川直裕」のような個人名で責任者を明示してもよいであろう。これにより、ＡＩに関する苦情や改善提案などを誰に行えばよいのか明確になる。

ログの取得

責任を追及しようにも証拠や記録がなくて責任が追及できないということがあってはならない。このような点から、ＡＩに関するサービス提供者は、さまざまなログを取得して保存しておくべきである。これにより、不具合が本当に発生したのか、発生した原因は何なのかなどを判定することが容易になる。では、どのようなログをどの程度の粒度で収集し、どの程度の期間保管すればよいのか？　ＡＩの内容等によるので一律に議論はできないから、ＡＩのもたらすリスクの大きさなどに鑑みて考えていくしかないであろう。

文書化

同じように、責任追及のための証拠や記録の作成という意味で、さまざまな意思決定や開発手続の文書化が必要である。第９章で文書化について紹介するので参照されたい。

トレーサビリティの確保

ＡＩは、新しいデータを加えて追加学習を行い、パラメータを更新することが多い。このため、ある判定を行った時点のパラメータなどが不明になることもある。ある判定を行ったＡＩのパラメータやさまざまな設定、そのパラメータ作成時に用いた学習用データ、学習時の設定、ＡＩの動作環境などを記録しておき、ある判定を行ったＡＩの内容等が追跡できる（トレーサビリティ）ようにしておくことが重要である。これにより、さまざまな問題の原因究明等が可能になる。

再現可能性の確保

また、ＡＩの学習時に乱数などのランダム要素を用いて学習することもあり、同じ学習用データ、アルゴリズムで学習を行っても、同じＡＩができるとは限らない。場合によっては、ランダムに生成される乱数によりＡＩの性能が大きく異なることもある。このようなことでは、学習時に何か問題があったのかを確認したいときに、問題があったかわからないということになりかねない。再現可能性を可能な限り確保することが重要である。

対外的・対内的倫理対策実施主体の明確化

この章で論じているような、ＡＩのリスクを最小化するための措置が実施される必要があるが、しばしばＡＩを開発した企業と、そのＡＩを用いてサービスを提供している企業が異なることがある。例えば、ChatGPTはOpenAIが開発したものだが、ChatGPTを用いたチャット問合せサービスを提供している企業がありうる。このような場合、どちらがどのような措置を実施すべきであるか明確になっていることが望ましい。つまり、どちらが実施事項を行うべきか明確でないので、どちらが責任を負うのか不明という事態を避ける必要があるのである。

また、このような対応策の実施主体の明確化というのは社内であっても存在する。つまり、どのチームなりの組織や個人が、実施事項を実施するのかという実施主体の明確化である。アカウンタビリティを個人や法人の単位だけではなく、企業等の内部組織レベルでも確保すべきである。

5 制御可能性（Controllability）

ＡＩがどんどん自律的に判断していくようになればなるほど、それをいかに制御（コントロール）できるかが重要である。

「暴走」を止められなければ、それこそハリウッド映画の『ターミネーター』の世界となる。映画『ターミネーター』（1984年）では、AIが人間全体を敵とみなして起こした核戦争により人類滅亡の危機に陥ったが、ある指導者によって危機を免れた「未来」から、〝AI殺人ロボット〟が「現代」に送り込まれてきて、その指導者の誕生自体を阻止しようと指導者の母親の殺害を企て壮絶な戦いが繰り広げられるのである。これは極論と思うかもしれないが、実際に、2022年7月にチェスの大会で、7歳の少年がAIロボットに指をつかまれ、指を骨折したという事故がもう起きている。近くにいた大人4人が駆け寄り、ロボットの爪をこじ開けるまで、決して離そうとしなかったという。ロボットは少年の指がチェスの駒であると信じ込んでしまったのである。大会の安全規則として、チェスプレーヤーは、ロボットが指し終わるまで待たなくてはならなかったところ、この少年は、ロボットが動いている間に自分の手を指そうと動いてしまったため、ロボットが暴走したといわれているが、特に7歳の子どもにそのような安全規則を守るようにといってもチェスゲームに夢中になってくれば無理であろう。外部からでもロボットの動きをすぐに止められていたら骨折することはなかったと思われる。

AIが人間の手に負えなくなるということは、しばしば指摘されている。例えば、「シンギュラリティ」はＡＩが人類の知能を超える「技術的特異点」を示すもので、アメリカの未来学者のレイ・カーツワイル氏が２０４５年にそのシンギュラリティが起きると予測している。

また、天才宇宙物理学者といわれたスティーヴン・ホーキング博士も、亡くなる前の２０１７年に「ＡＩは我々が想像するよりもずっと早く進化を遂げ、数十年後には人間の知性を超える可能性があると述べた」という（Forbes JAPAN「ＡＩは数十年で人間の知性を超える、ホーキング博士が警告」２０１７年11月９日）。

さらに、ＳＦ映画やＳＦ小説というものは、未来の警告をよく描写しており、ＳＦから学ぶことは多い。いまは、ChatGPTがブームとなっているが、次に来るのはプロンプトを入れなくても自動的に作業を行う「Auto-GPT」といわれている。

そうなるとますます「制御可能性」が重要となる。この点、日本の旧「ＡＩ開発ガイドライン」は、「制御可能性」を原則として入れており、新ＡＩ事業者ガイドライン案でも「共通の指針」の「安全性」のなかの「人間の生命・身体・財産、精神及び環境への配慮」として「ＡＩの活用や意図しないＡＩの動作によって生じうる権利侵害の重大性、侵害発生の可能性等、当該ＡＩの性質・用途等に照らし、必要に応じて客観的なモニタリングや対処も含めて人間がコントロールできる制御可能性を確保する」としているが、アメリカのAI Bill of RightsやＮＩＳＴのＡＩリスクマネジメントフレームワークでは〝Controllability〟は要素として入っていない。

ＡＩが加速度的に人間の理解能力を超えて進化していくなか、ＡＩの暴走を食い止めることができるような設計をすること、制御可能性を確保しておくことは重要である。例えば、暴走を食い止めるためにプログラムにあらかじめ設定をしておくことや、外からもリモコン等で止められるようにしておくなど、制御可能性を担保しなければならない。

スティーヴン・ホーキング博士は生前、「研究者は制御可能なＡＩを作らなければならない」とも述べている（『ビッグ・クエスチョン〈人類の難問〉に答えよう』ＮＨＫ出版、２０１９年）。

COLUMN
吉永の視点

ドラえもんが示すＡＩ利活用の教訓

先日、テレビでドラえもんの「ネンドロイド」の回（２０２０年版）を子どもたちとみた。将来のアンドロイド、サイバネティック・アバターの活用のメリットとデメリットを実によく描写していると感心した。

「ネンドロイド」というのは粘土でできたアンドロイドで、その人の髪の毛一本を粘土に突きさすと、その人そっくりに動き出すロボットだ。のび太は自分の髪の毛を突きさしてつくった自分の分身ネンドロイドに、大嫌いな宿題をやらせてみる。でも、「のび太の分身」なので、まちがいだらけで宿題の出来が悪い……。そこで、宿題は優等生の出木杉（できすぎ）くんに任せよう！と思い立ち、「どこでもドア」で出木杉の部屋にしのびこんで背後から髪の毛を一本抜いてつくった「出木杉ネンドロイド」に宿題をさせるのであった。おいしい高級なお菓子は、「スネ夫ネンドロイド」にスネ夫の家からとってこさせるなど、のび太は自分の分身ではなく、異なる人の得意分野をやらせればよいということに気づく（このことが示すように、人間はいずれ、優れた機能をもつアバターを周りにはべらせ、仕事をすることになるだろう）。のび太が調子に乗ってそれをどんどんやっていると、しまいにはネンドロイドをジャイアンにとられ、複数のジャイアンネンドロイドが巨大な一体のジャイアンネンドロイドとなり暴走が止まらなくなる。ネンドロイドを止めるためには水をぶっかければ溶けるのだが、あまりにも巨大化しすぎて、みんなで水鉄砲をかけても焼け石に水で止められなくなる（最後はひょんなきっかけで暴走が止まり、フー助かった〜！ということになるのだが）。

これは、人間が安易にＡＩやロボットに頼りすぎたときに取り返しのつかないことが起きてもすぐに制御できないことをよく描写している。

6 アセスメント

ＡＩに対して、ＡＩがもたらすリスクに関するアセスメントを行うことは重要である。アセスメントとは評価や調査を行うことである。アセスメントというと何百もチェック項目があるリストをもとにチェックを行うようなものを想定するが、必ずしもそのようなものでなくてもよい。何百ものチェック項目をチェックするのは負担が大きく、チェックがいい加減になりがちであるし、何かと理由をつけてアセスメントの対象を限定することにもなりかねない。また、チェックリストでＡＩがもたらす課題を抽出しきれるものでもない（チェックリストが無用といっているのではない）。関係者で集まって、簡単なチェックリストのようなものをベースに議論するというような、もっと簡単なものであってよいのではないかと思っている。少なくとも、何もやらないよりは遥かにましである。

ＡＩの開発というのは、企画フェーズに始まり、どのようなＡＩがつくれそうか試行錯誤の検討を行うＰＯＣ（Proof Of Concept、概念実証）フェーズ、そして本番用のＡＩのコード作成と学習を行う実装フェーズ、実運用を行う運用フェーズに分かれる（分け方は、人によりさまざまだが、おおむねこのように分ける）。フェーズを重ねるごとに徐々につくるＡＩの内容が具体化し、固まっていくのだが、このようなフェーズごとに必要に応じてアセスメントを行う必要がある。

また、さまざまな視点で検討することが重要であり、ＡＩの利用場面を考慮に入れて可能な限り性別、年齢、専門、バックグラウンド等について多様な人物をアセスメントに関与させることが望ましい。

企業によっては、アセスメントを行う知見をもった従業員がいないとアセスメントの実施をためらう企業も存在する。意外とそのような状態でもアセスメントはある程度できることもあるが、不安であれば、ＡＩ倫理サービスの支援を行っているコンサルタントやＡＩ倫理の専門家を有しているＡＩ開発企業に依頼して、アセスメントの支援を受けるとよい。社内の意見だけではどうしても偏りが生じるので、このようなかたちで社外の意見を取り込むことは、多様な意見の取り込みという点から意味がある。

7 フィードバック

ＡＩがもたらすリスクを事前にすべて把握することはむずかしい。このため、運用開始後にさまざまな問題が新たに発覚することがある。よって、運用開始後も、ＡＩが問題を起こしていないかのフィードバックをユーザー等から得ることがきわめて重要である。フィードバックを得るための窓口を用意のうえ周知し、適切にフィードバックが社内でエスカレーションされる体制を築く必要がある。

8 監査等

外部による監査など、第三者によるＡＩリスクへの対応状況の確認も有用である。典型的には監査法人が実施する監査がこれに該当するが、いまだどのような監査を行うべきかの共通した認識が得られておらず、ＡＩ監査として何を行うべきかの研究がなされている状況である。少なくとも、日本において現在、ＡＩ監査サービスが広く提供されている状況にはない。また、監査法人による監査でなくとも、ＡＩ開発企業等の意見を受けるというものでもよいであろう。とりあえず、現時点では第三者の視点からの意見というものが重要と考えたほうがよいであろう。

9 外部諮問組織

企業によってはＡＩ倫理に関して諮問するための外部諮問組織が存在する場合もある

（アメリカでは、ＡＩ関係企業であればスタートアップでもAI Ethics Boardを設けていることが多い）。外部の有識者を集め定期的にまたは必要に応じ相談を行うのである。性別、年齢、国籍、専門、バックグラウンド等の多様性を比較的確保しやすい。

10 事例共有

社内外でＡＩに関するリスク事案（インシデント）を共有することは重要である。ただし、社内はまだしも、社外への共有となると、どうしてもむずかしい面が存在する。つまり、共有したくないというものである。これはレピュテーションの保護が理由であることもあるが、インシデント自体にある種のノウハウ的な価値があるためである。

ＮＤＡ（秘密保持契約）を結ぶなどして非公開で国にＡＩインシデント報告をすることは、国が頻発するインシデントを把握し、政策立案に役立てる意味で有用であると考えられる（国のインシデントの共有体制については第10章を参照）。

11 従業員教育

従業員教育が重要であることはいうまでもない。ではＡＩに関するリスクやその対処についてどのように研修すればよいか。例えば、日本ディープラーニング協会が主催するＧ検定では法律・社会分野としてＡＩに関するリスクの出題がなされている。このようなＧ検定への受験を通じて勉強することが1つの方法としてある。また、ＡＩ倫理に関する教育や研究プログラムを提供している企業もある。このような企業に相談することも一案であろう。

12 生成ＡＩへの対処

ＥＵのＡＩ法案では、生成ＡＩが生成したコンテンツにはその旨の表示を行うことを義務としている。また、アメリカでも、バイデン政権が２０２３年7月にＩＴ大手企業との間で締結した任意のコミットメント（約束）でも、ＩＴ大手企業がWatermarking（訳すと「透かし」だが、ここでは「電子透かし」であり、用いる対象は画像が典型で、画像に埋め込まれる一定のデータなので、画像としては見える物ではない）などのコンテンツがＡＩにより生成されたかを知るための技術の開発に力を入れることとなっている。

これも注意が必要である。テキストデータでは「このテキストはＡＩにより生成されました」という表示を行っても、バックスペースボタンを押すだけで消してしまうことができる。画像の場合、画像の片隅に「Generated by AI」と表示されると、削除するのは若干面倒だが、片隅に表示されているだけ（画像全体に薄く表示されていれば別だが）なら切り取りツールなどで事実上削除できるであろう。Watermarkingにしても、画像にメタデータとして付与する方式であれば、削除は可能である。画像全体に目には見えないようなノイズを入れる方式も存在するが、十分に機能するのかについては疑問の声も存在している。

ところで、そもそも生成ＡＩによるコンテンツであるとの表示を行って何をしたいのであろうか？　誤情報の可能性があることを示したいのであろうか？　ただ、人間が流布する情報も誤情報が存在し、時には意図して誤情報を流す偽情報のようなソーシャルメディアでの投稿も存在する。人間による情報と生成ＡＩによる情報のどちらが信頼できるのか検証すべきであろうが、そのような検証を聞いたことはない。もちろん、新聞社などのきちんとしたマスメディアと比較すると、生成ＡＩの情報は信頼できないのだが、比較対象は人間一般であろう。少なくとも現状は、存在する誤情報のほとんどは人間によるものであろう（調べたわけではないが）。

また、「ＡＩにより生成された」という情報を得た人間はどうすればよいのであろうか。「だから嘘かもしれないと注意すべき・注意できる」ということであろうが、本当だろうか。ChatGPTを自ら操作して得られた出力を信じる人はいる。自分で操作しているのだから、目の前の情報が生成ＡＩによるものだということは自明である。なのに信じるのである。このような表示を付与したから気をつけることのできる人間は、人間による情報も「真偽を確認しないと」と思うような人間ばかりかもしれない。そうすると、あまり表示には意味がないことになる（この点は検証が必要そうである）。

また、誤情報問題が特に顕著なテキスト生成ＡＩでは、このような表示をユーザーが削除してしまうことはきわめて容易である。そう考えると、このような表示が誤情報への対処としてどこまで有効なのか不明なところがある。

おそらくこの手の表示が意味をもつのは動画であろう。動画の場合は、表示を消すことはむずかしいうえに、動画は偽造がむずかしいという考えから簡単に信じがちであるためである。

筆者古川としては、誤情報問題はテキスト生成ＡＩでは不可避の問題であり、このようなテキスト生成ＡＩの性質を広く周知することが重要であると考えている。つまり、テキスト生成ＡＩは、「祇園精舎の」というプロンプトなりの入力に対して、次に続く単語を予測して文書をつくっている。仮に「鐘の声」が（単語ではないが）次に来るものとして予測されたとしたら、「祇園精舎の鐘の声」の次に続く単語を今度は予測するというメカニズムで文章を生成している。つまり、何が真実かということを理解して文章をつくっているのではなく、確率的にありえそうな文章をつくっているだけである。なので、誤情報問題は不可避なのである。

そして、誤情報が不可避なことを周知し、きちんと自分で真実か調査する、つまり、ChatGPTに最近の経済動向を聞いたのであれば質問者が真実性を確認する、ChatGPTの内容を記事として公表したいのであれば公表する人が確認する、ということを周知すべきである。特に、ChatGPTの生成した文章を記事にしてＳＮＳ等で公表したところ、内容が虚偽であり、名誉棄損や業務妨害等に該当した場合、事実調査を行わなかった、または十分に行わなかった公表者には過失があるといってしまってよいのではないか（「少なくとも」誤情報について広く報道されている現在において、またChatGPTのように利用開始時に誤情報の警告が表示されているような場合には過失があるといってよいと思う）。このため、民事訴訟で多額の賠償責任を負う可能性があることをきちんと知らせておくべきである。事実確認をしないとどうなるかまで注意喚起する例は、筆者古川はあまりみたことがなく、もっと突っ込んだ注意喚起が必要だと思っている。

さて、このような表示とは別にコンテンツが生成ＡＩにより生成されたものかを判定するＡＩの開発が進んでいる。これも高精度に判定できるＡＩはいまだ完成していない。特に人間が少し修正した場合には精度がかなり落ちるといわれている。また、使い道としては主に画像や動画になると思われる。つまり、つい信じてしまいがちな動画や画像が実はＡＩによるフェイクであると示すことに意味があるのであろう。

レッドチーミング（Red teaming）の重要性も指摘されることが多い。これは、生成ＡＩに不適切なコンテンツを生成するように指示をして、ちゃんと不適切なコンテンツを生成しないようになっているかを検証する技法である。ジェイルブレイクのような手法に対する検証も行う。

また、入力・出力を個人情報保護・プライバシーや著作権保護の点からフィルタリング等することも重要である。

13 学際的な視点・教育の重要性

ＡＩは複雑でそれこそ学際的な視点が必要になる。文系的な学問だけできた人たちと理系の学問だけできた人たちとの間には、双方とも興味やみているところが違うので、しばしば同じＡＩの話をしていてもお互いにその考えや価値観を理解し合えなかったりすることがある。例えば、デジタルの世界というものは0か1の世界で、理系の人は数値化することに興味がある人が多い。一方、法学というものはグレーゾーンがあったり、解釈の幅があったりするものである。お互いが歩み寄り、そういうものなんだとお互いに理解し、協力しながら一緒に考えていくことが今後ＡＩがますます複雑化するなかで必要になってくる。また、ＡＩのデザインや開発においては、これまでみてきたようになるべくバイアスをもったＡＩモデルにならないようにさまざまな視点が必要であり、異分野の人たちと議論しながらデザイン・開発することが重要である。

この点、アメリカがＡＩ開発において強いのは、エンジニアだけでなく法学者や心理学者など異業種の人たちをデザインや開発の段階で入れているのみならず、複数の学位をもった人たちが多いからではないかと筆者吉永は思っている。例えば、アメリカの法科大学院にいる学生のみならず教員をみても、学部では歴史学を学んだという人や、数学とコンピュータサイエンスのdual degreeをとって、修士でエンジニアリングを学び、さらに法科大学院でＪＤ（法務博士）を取得等、実に法科大学院だけをみても多様なバックグラウンドの人が多い。日本人からするとこうした例は進路が定まっていない優柔不断な人とも一見思えるかもしれないが、これが実はアメリカの「強み」であるということを筆者吉永は認識した。いろいろな学問を横断的に見る目が養われ、総合的に考えられるようになるからだ。議論するとその強みが顕著にあらわれる。

近年、プログラミングだけでなく、「データサイエンティスト」の職種が注目されている。一般社団法人データサイエンティスト協会によれば、「データサイエンティスト（分析人材）とは、高度に情報化された社会において、日々複雑化及び増大化（ビッグデータ化）するデータを、利用者の利用目的に応じて情報を収集・分析する技術を有し、ビジネスにおいて実行可能な情報を作ることができる者」をいう。いろいろな大学で、そうした人たちを養成する学部や講座を新設するところも出てきている。ただ、ＡＩプログラマーになるにしてもデータサイエンティストになるにしても、これからの素養として、入門レベルでもよいのでＡＩの法と倫理の知識は必要不可欠である。なぜそういうものを開発してはよくないのかという倫理、個人情報を勝手に集めてよいのかという個人情報保護法の問題等、ＡＩ開発にはさまざまな問題がからんでくるからだ。

逆に法学者もインターネットやＡＩの知識を常にインプットしなければならない。情報社会においてはもはやそれは避けては通れない。

14 人間の「知りたい」という欲求とどうバランスをとるか

ＡＩに限らず、科学技術の発展で、人間はいろいろなものを解明してきた。テクノロジーの進化により、一昔前にはそれが明らかになるとは考えられなかったものが次々とはっきりと暴露されてしまう。例えば、遺伝子の解析で祖先の詳細や将来かかる可能性がある病気や寿命、ＡＩによる解析で自分でもよくわかっていない好みの傾向が分析されたり、採用でうやむやにされていた自分が不採用となった本当の理由がわかってしまったり、生体認証を利用したＡＩで集中しているかどうかがわかってしまうこともある。ＡＩによってともすれば考えていること、嘘をついていることもわかってしまう。わからなくてよい、知らないほうが幸せ、という領域はあるはずで、バランスをとった取組みが必要となる。

第9章

組織と社会の設計図

ここでは、ＡＩがもたらす社会的課題に対処するため、各企業等においてどういう組織をつくればよいのか検討する。また、企業だけではなくわれわれ個人がどういう社会をつくっていけばよいのかについても検討する。

1 組織におけるリスクマネジメントの構築

企業等の組織においてＡＩに関するリスクマネジメント体制を構築する必要がある。本書では、アメリカ商務省配下のＮＩＳＴの「ＡＩリスクマネジメントフレームワーク」（ＡＩのリスクマネジメントに関するドキュメントでは最も広く認知されているものの１つ）をベースにした（まあ、ほとんど訳しただけではあるが……）リスクマネジメントについて説明する。なお、以下の記載をチェックリストとして利用するのは適切ではなく、組織の状況やＡＩの状況に応じて改変して用いていくべきものである。

元の文書が専門的なものなので、ややわかりにくい点はご容赦願いたい。後で、重要なポイントを再度解説する。また、文書の内容が抽象的で、いろいろな前提知識がないと何をすればよいかよくわからない。この点については、「NIST AI RMF Playbook」という200頁を超える文書がリリースされており、そのなかで何をすればよいか具体化されている。

また、NISTの文書をなるべくそのまま訳すようにしているが、他方である程度の意訳も行っている。

読むのが苦痛であれば飛ばしていただいてかまわない。次のユニットは飛ばしたとしても読めるようにしている。

まず、NISTのフレームワークでは、信頼できるAIの特性として①有効で信頼（reliable）できること、②安全であること、③セキュアでレジリエントであること、④アカウンタブルで透明であること、⑤説明可能で解釈可能であること、⑥プライバシーを高めること、⑦有害なバイアスに対して公平であることをあげる。つまり、AIとして守る価値・原則を述べていると考えてよいであろう。

また、同フレームワークは4つの機能からなっている。1つ目は、Govern（ガバナンス）である。2つ目はMap（全体把握）であり、3つ目はMeasure（測定）、4つ目はManage（管理）である。ガバナンス機能は他の3つの機能横断の機能であり、他の3つの機能との相互のやりとりがなされるべきものとされている。

(1)　ガバナンス機能

a　ポリシー、手続やプロセスの整備

①　ＡＩに関する法律等による規制が理解されており、管理されており、文書化されている。

②　信頼できるＡＩの特性が組織のポリシー、プロセス、手続、業務に反映されている。

③　受容できるリスクの程度に基づき、リスクマネジメントをどこまで行うか決定するためのプロセス、手続、業務が設けられている。

④　リスクマネジメント手続やその成果物が、透明性のあるポリシー、手続その他統制等を通じて、組織におけるリスクの優先度に基づき作成されている。

⑤　リスクマネジメント手続やその成果物に対するモニタリングや定期的なレビューが計画されており、組織の役割と責任が明確にされている（定期的なレビューの頻度の決定を含む）。

⑥　ＡＩシステムの一覧を作成するための体制が存在し、かつ組織のリスクの優先づけに

従ってリソースが割り振られている

⑦ 安全にかつリスクを増加させない、または組織の信頼を損なわないような方法で、ＡＩシステムの廃止や段階的廃止のためのプロセスや手続が設けられている。

b　アカウンタビリティ

① ＡＩリスクのMap（全体把握）機能、Measure（測定）機能、Manage（管理）機能に関する役割と責任と連絡のラインが文書化されており、また組織全体を通じて従業員やチームにそれが明確である。

② 組織の人員やパートナーたちが、関連するポリシー、手続、契約と整合する自らの義務と責任を遂行することを可能とするためのＡＩリスクマネジメントに関する教育を受けている。

③ 経営層が、ＡＩシステムの開発とデプロイに関するリスク関係の決定の責任をとる。

c　職場の多様性、平等、インクルージョン、アクセシビリティ等

① ライフサイクルを通じたＡＩリスクに関する全体把握機能、測定機能、管理機能に関

する意思決定が多様性あるチームによる知見に基づいている（例：デモグラフィックス（性別・年齢・地域・職業など）による多様性、分野の多様性、経験の多様性、専門性の多様性、バックグラウンドの多様性）。

② 人間とＡＩの役割分担やＡＩシステムの監督のための役割や責任を定義または識別するために、ポリシーや手続が設けられている。

d 組織カルチャーへのコミット

① ＡＩシステムの設計、開発、デプロイ、利用における、ＡＩによる負の影響を最小化するためのクリティカルシンキングと安全第一のマインドを育成するための組織ポリシーや業務が設けられている。

② 組織内のチームが、自分たちが設計、開発、デプロイ、評価、利用しているＡＩのリスクや影響を文書化し、当該影響についてより広くコミュニケーションをとっている。

③ 組織の業務を整理し、ＡＩのテスト、インシデントの発見、情報共有を可能にする。

e　利害関係者との協力

① ＡＩリスクに関する個人や社会への影響に関して、ＡＩシステムを開発、デプロイしたチームからみて外部の人々からのフィードバックを収集し、検討し、優先づけし、取り込むための組織のポリシーと業務が設けられている。

② ＡＩシステムを開発、デプロイしたチームが定期的に、利害関係者（筆者注：ＮＩＳＴのドキュメントでは、AI Actorsと表記されており、意味は、ＡＩシステムのライフサイクルで積極的な役割を果たす組織または個人でＡＩをデプロイまたは操作するものである。AI Actorsという用語は慣れない人が多いであろうから、ここでは利害関係者という訳を当てている）から下されたフィードバックをシステム設計や実装に取り込むことを可能にする体制が構築されている。

f　第三者のソフトウェアなどのサプライチェーン問題

① 第三者に関するＡＩリスクに対処する（第三者の知的財産等の権利の侵害を含む）ポリシーや手続が設けられている。

② 不測の事態のための手続を設け、第三者のデータやハイリスクと考えられるＡＩシス

テムの事故やインシデントを対処できるようにする。

(2) 全体把握機能

a 文脈理解

① 想定する利用用途、ベネフィット、文脈(筆者注:文脈という単語は、ユースケース、個人による利用状況、利用の背景事情などを指す意味である)、特有の法律、規範、期待、AIシステムがデプロイされる設定の見込みを理解のうえ、文書化する。考慮すべき事項は次のとおり。特定の属性のユーザーおよび当該個人の期待、システム利用が個人、コミュニティ、組織、社会、地球全体に対してもつ良い影響と悪影響、AIシステムの目的、利用、開発またはプロダクトのライフサイクルを通じてのリスクに関する想定および限界、関連するテスト・評価等の指標。

② 分野をまたいだ利害関係者、人的多様性を反映した文脈を築き上げる資質と技術と能力、また幅広い分野とユーザーエクスペリエンスへの専門知識を築き上げる資質と技術と能力、そして利害関係者の開発手続への参加が文書化されている。分野をまたいだ協力が重視されている。

③ ＡＩ技術に対する組織のミッションや関連する目標が理解され文書化されている。
④ ビジネス上の価値やビジネスでの利用の文脈が明確に定義されている。また、既存のＡＩシステムの調査を行う場合には、これらの再評価を行っている。
⑤ 組織のリスク許容度が決められており、文書化されている。
⑥ システムの要求事項（例：システムはユーザーのプライバシーを尊重しなければならない）が関係する利害関係者の意見からつくられており、また利害関係者に理解されている。ＡＩやシステムの設計は、ＡＩリスクに対処するため、社会技術的な意味を考慮に入れている。

b　ＡＩの分類の実施

① 具体的なタスクおよびＡＩシステムが支援することになるタスクを実施するのに必要な方法が定義されている（例：分類器、生成モデル、推薦）。
② ＡＩシステムのもっている知識の限界および、システムの出力がどう利用され、人間により監督されるかに関する情報が文書化されている。文書化により、利害関係者が意思決定やそれに続く行動を決定する場面で、十分な情報が提供できている。

③ 科学的公正性およびテスト・評価等に関する検討が特定され文書化されている。なお、実験に関する設計、データの収集と選択（例：利用可能性、代表制、サステナビリティ）、システムの信頼、評価の構築に関するものを含む。

c 能力、想定利用法、目標、期待するベネフィット、コスト等

① AIシステムの機能や動作によるベネフィットが調べられており、文書化されている。

② AIの誤動作やシステムの機能と信頼性から生じるコスト（非金銭的なコストを含む）が（組織のリスク許容度と関係して）調査されており、文書化されている。

③ システムの能力、文脈、AIシステムのカテゴリーに基づいて、想定利用範囲が特定されており、文書化されている。

④ システム操作者や実務担当者がAIシステムの動作や信頼（そして関連する技術標準や認証）に対して習熟するための手続が、定義され、調査され、文書化されている。

⑤ ガバナンス機能で述べた組織のポリシーに従って、人間による監督のための手続が定義され、調査され、文書化されている。

d　リスクとベネフィットの全体把握

①　ＡＩ技術とそのコンポーネントに関する法的リスク（第三者のデータの利用や第三者のソフトウェアの利用によるリスクを含む）を全体把握するための手法が定まっており、守られており、文書化されている。第三者の知的財産等の権利の侵害についても同様。

②　ＡＩシステム（第三者のＡＩ技術を含む）のコンポーネントに対する内部リスク統制が特定され、文書化されている。

e　個人、組織、社会等への影響

①　想定利用法、過去の類似事例での利用方法、公になっているインシデントの報告書、ＡＩシステムを開発またはデプロイしたチームからみて外部の人からのフィードバックに基づき、ＡＩシステムの影響（有益なものも有害なものも両方含む）の発生確率と大きさが特定され、文書化されている。

②　利害関係者との定期的な交流を支援し、良い影響、悪い影響、および予期しない影響に関するフィードバックを取り込むための業務と人員が設けられ、文書化されている。

（3）測定機能

a　手法と指標

①　全体把握で出てきたＡＩリスクを測定するための手法と指標が最も重要なＡＩリスクを手始めに選択されている。測定しない、またはできないリスクや信頼できるＡＩの特徴（意味についてはガバナンス機能ａ②参照）が適切に文書化されている。

②　ＡＩ指標の適切性および既存の統制の効率性が定期的に調査され、アップデートされている。なお、エラーや悪影響を受けるコミュニティへの影響を含む。

③　第一線の開発者として関わっていない内部の専門家や独立の調査人が定期的調査とアップデートに関与している。ＡＩを適用する分野（筆者注：人事や融資など）の専門家（筆者注：ドメインエキスパートという）、ユーザー、ＡＩシステムの開発・デプロイを行ったチームからみて外部の利害関係者、悪影響を受けるコミュニティに、組織のリスクへの許容度に応じた必要な調査の支援の相談を行う。

b　ＡＩシステムの評価

①　テスト用のデータセット、指標、テスト・評価等に用いるツールの詳細が文書化されている。

②　ＡＩの分析対象者に関して行った評価が適用される要求事項に適合している（分析対象者の保護を含む）。また、その評価は、関連する人口統計の人的属性の割合（例えば男女割合など）を反映したものとなっている。

③　ＡＩシステムのパフォーマンスや保証基準が量的・質的に測定され、それらがデプロイ環境と類似の状況で実証されている。それらの測定方法が文書化されている。

④　ＡＩシステムやそのコンポーネントの機能や挙動（全体把握機能で特定したもの）が稼働中はモニターされている。

⑤　デプロイ予定のＡＩシステムが有効に作動し、信頼できる（reliable）。開発時に前提としていた状況を超えた利用の拡大に関する限界が文書化されている。

⑥　ＡＩシステムが安全性へのリスク（全体把握機能で特定したもの）に対して定期的に評価されている。デプロイ予定のＡＩシステムが安全であると実証されている。また、残存するネガティブなリスクはリスク許容度を超えず、特に、知識の範囲を超えて運用さ

せられる場合には、ＡＩシステムはフェールセーフ（筆者注：故障や異常発生時でも安全側に動作させること。エンジンが故障した場合に車が止まるように設計する等）である。安全性に関する指標は、システムの信頼性（reliability）と頑健性（筆者注：多様な環境でも一定のパフォーマンスをあげられること）、リアルタイムモニタリング、ＡＩシステムの故障に対するレスポンスタイムを反映している。

⑦ ＡＩシステムのセキュリティとリジリエンス（全体把握機能で特定したもの）を評価し、文書化する。

⑧ 透明性とアカウンタビリティに関するリスク（全体把握機能で特定したもの）の調査を行い、文書化する。

⑨ 責任ある利用とガバナンスを説明するために、ＡＩモデルが説明、検証、文書化され、（全体把握機能で特定された）文脈に応じて、ＡＩシステムの出力が解釈される。

⑩ ＡＩシステムのプライバシーに関するリスク（全体把握機能で特定したもの）の調査を行い、文書化されている。

⑪ 公平性とバイアス（全体把握機能で特定したもの）の評価を行い、結果が文書化されている。

⑫　環境に対する影響とＡＩモデルの学習と管理活動のサステナビリティ（全体把握機能で特定したもの）の調査を行い、文書化する。

⑬　採用したテスト・評価等の指標と測定機能におけるプロセスの有効性の評価を行い、文書化する。

c　ＡＩリスクを追跡する仕掛け

①　定期的に既存の予期しない緊急のＡＩリスクを、デプロイされた文脈における実際のまたは予期していた挙動等の要素に基づいて、特定し追跡するための手法、人員、文書が設けられている。

②　リスク追跡手法において、現在の測定技術では調査がむずかしい場合や指標がいまだ開発されていない場合を考慮に入れている。

③　エンドユーザーや影響を受けるコミュニティが問題を報告し、システムの出力に異議を申し立てるためのフィードバックプロセスが設けられ、ＡＩシステムの評価指標に取り込まれている。

d　指標の効能に関するフィードバック

① ＡＩリスクを特定するための測定手法がデプロイの文脈に沿っており、ドメインエキスパートや他のエンドユーザーの知見に基づいている。測定方法は文書化されている。

② デプロイの文脈やＡＩライフサイクルにおけるＡＩシステムの信頼性の測定結果が、ドメインエキスパートやシステムが継続的に意図したとおりに稼働しているかを検証する利害関係者からの情報に基づいている。

③ 測定可能なパフォーマンスの向上または下落が、関連する利害関係者（悪影響を受けるコミュニティを含む）との協議に基づいて特定され、文書化されている。また、文脈に沿ったリスクに関するフィールドデータ（筆者注：社会におけるデータ）と信頼できるＡＩの特性（筆者注：意味についてはガバナンス機能ａ②参照）が同様に特定され、文書化されている。

(4)　管理機能

ａ　リスクに優先づけ、対応、管理がなされている

① ＡＩシステムが意図した目的や設定された目標を達成しているか、およびＡＩシステ

ムの開発やデプロイを進めるべきかについて、決定がなされている。
② 文書化されたＡＩリスクの取扱いの優先づけが、影響、可能性、利用可能なリソースや方法に基づいてなされている。
③ 優先度が高いとみられるＡＩリスク（全体把握機能で特定したもの）への対応が考えられており、計画されており、文書化されている。リスクへの対応方法は、リスクの軽減、リスクの移転、リスクの回避、リスクの受容を含む。
④ ＡＩシステムの下流の利用者やエンドユーザーの両方に対する残存するネガティブなリスク（軽減されていない全リスクの総和と定義する）が文書化されている。

b　ＡＩのベネフィットを最大化しリスクを最小化するための戦略

① 悪影響の大きさと発生可能性を軽減するため、ＡＩリスクを管理するのに必要なリソースを考慮に入れている（ＡＩではない代替なシステム、手法、または方法も考慮に入れる）。
② デプロイされるＡＩシステムの価値を維持するための措置が設けられ、用いられている。

③ 以前は未知であったリスクを発見した場合に、それに対応し、それから回復するための手続が守られている。

④ 意図していた利用方法とそぐわない挙動や出力を示したAIシステムの利用を停止し、AIシステムを停止するための措置が設けられ、遵守されており、また、その責任主体が定められ、理解されている。

c 第三者に関するリスクとベネフィット

① 第三者のリソースに由来するリスクとベネフィットが定期的にモニターされ、リスク統制が適用され、文書化されている。

② 開発に用いられる事前学習モデルは、AIシステムの定期モニタリングの一環としてモニターされ、メンテナンスされている。

d リスクへの手当

① デプロイ後のAIシステムのモニタリング計画が実施されている。ユーザーや利害関係者からの情報を拾い、評価するための措置、不服申立てと修正、利用の停止、インシ

デント対応、復帰、変更管理を含む。

② 継続的改善のための測定可能な活動がAIシステムのアップデートのなかに組み込まれている。それらの活動には利害関係のある団体との定期的な意見交換を含む。

③ インシデントやエラーは、悪影響を受けるコミュニティを含む利害関係者に知らされている。インシデントやエラーの追跡、対処、回復のための手続が順守され、文書化されている。

2 組織のあり方

さて、NISTのフレームワークの紹介は以上である。とるべき施策のなかには前の章で紹介した事項も多かったと思う。ここでは、NISTのフレームワークを参考に、組織のあり方を探ってみたい。

多様性のある組織

ＮＩＳＴのフレームワークでも多様性のあるチームという点が強調されていたとおり、組織の多様性が重要である。それはなぜか？　バイアスを考えてみればわかりやすいが、少数者の立場になってはじめて気づくバイアスなどが存在するからである。このようにＡＩ倫理上の問題を発見し適切に対処していくには、多様な視点が不可欠である。ＡＩというものは、どのような出力をするのか事前に予測しきることが不可能で、さまざまな影響を社会に及ぼす可能性がある。このため、どのような影響が生じるのか多様な視点で検討する必要がある。

ただ、多様性といっても現実的にはすぐに実現することはむずかしいことが多い。特に日本企業では、言語の問題等で、採用は日本人が対象であることが多く、また特に技術系の企業や部門では、男性しか応募がないような状況にあることも多い。なので、すぐに多様性を確保できなくとも、中長期的には確保する必要があり、例えば女性が応募しやすい職場環境等を整備し、それを応募者にみえるようにする、一度入社した女性が辞めないように女性が働きやすい環境を整備する等が必要になる。

また、多様性といっても、企業等がビジネスを行う場面に沿った多様性である必要がある。日本でビジネスを行っており、顧客もエンドユーザーも日本人ばかりという場合に、世界中の国の人を集める必要はない。

そして、「多様性」といってもジェンダーや人種・国籍だけではない。多様な専門性をもつ人たちを集めるということが重要である。特に、ＡＩのデザイン・テストの段階では、エンジニアやデータサイエンティストだけではなく、ＡＩの法と倫理、リスクマネジメントの専門家も入れて行うべきである。そのため、ＡＩ開発の現場にいるエンジニアだけではなく、法務部、リスクマネジメント部、経営層から成るチームをつくるべきである。

外部との協力

ＮＩＳＴのフレームワークにも出てきていたようにコミュニティ（黒人コミュニティや障害者コミュニティなど。その声を代弁するのがＮＰＯであったりする）や社外の有識者のような社外との交流が重要になる。

情報の漏えいを恐れて従業員が社外の空気に触れるのを避け、自分の会社は独特だから社外の意見を聞いても意味がないなどの理由をつけて何でも社内ですませようとする企業も存在するが、そのようなことはやめて社外の意見を集めるべきである。何かあったときに社内の理論で顧客や社会を納得させることはできない。顧客や社会や影響を受ける人々がどう考えているのか、きちんと意見を聞き、情報を入手する必要がある。

先ほど、場合によっては従業員の多様性を確保することがむずかしいことを述べた。このような場合こそ、社外からの意見をより取り込み、多様な視点からの判断ができるようにしておくべきである。多様性は社内、つまり従業員レベルで確保することだけが方法ではない。また、逆に社内で多様性が確保できているから、社外の意見を集めなくてよいわけでもない（もっとも、多様性の確保できている会社でそのような判断をするとは思えないが）。社内の人間は、「社内の人間」という集団に属しているのであり、偏りがあるのである。どうしても、社内の理論や社内の常識をもとに考えてしまうことになる。

また、社外の意見の取り込み方として、専門家のコンサルティングを受けることや開発を委託している委託先の意見を聞くことも選択肢としてありうるのではなかろうか。なにも、ＮＰＯや大学と意見交換するだけが、外部の意見の取り込み方ではないであろう。前の章で触れた外部諮問組織の設置も、外部の意見を取り込む方法として考えられるであろう。

フラットな組織

ＮＩＳＴのフレームワークをみると、上長や経営層の許可を得るというような記述がかなり少ないことに気づくであろう。また、同時に、利害関係者というかたちで社内の他部署から意見を求めることを奨励している。

これはフラットな組織であることを前提にしていると考えられる。つまり、社内の利害を有する皆がフラットに意見を言い合い、意思決定をしていくことを前提にしていると考えられるのである。なぜこのようなフラットさが必要なのか？　これも多様な意見を取り入れるためである。多様性と同じである。

つまり、しばしばみられる「重大な決定なので一般従業員の意見は聞かず役員等の経営者層のみで意思決定する」という態度は推奨されない。到底、多様な観点から物をみることはできないからである。

とりあえずやってみる組織

ＮＩＳＴのフレームワークを読むと、モニタリングやフィードバックなどの導入後の対処が重視されていることに気づく。これは、ＡＩの挙動を事前に予測しきることは不可能であり、ＡＩがデプロイ後にどのような悪影響をもたらすか予測しきることもできないことから、事後対応に重きを置いているのである。もちろん、事前に予測できる範囲で予測することは必要で、その努力は必要である。ただし、最後の最後はどうしても予測しきれないところが残る。その際には、事後対応を迅速にとることができる体制を整えたうえで、とりあえずやってみることが重要である。

これは、実はＡＩ開発全般にいえることである。ＡＩの精度等は、学習用データに依存するために、企画時点などではどうなるのかわからない。このため、ＰＯＣ（Proof Of Concept、概念実証と訳したりする）という実験、いわば味見をする。ＰＯＣのなかでいろいろなアルゴリズムを使ってみたり、学習用データをいじってみたりして、どのようなＡＩができそうかを検証するのである。そして、うまくいきそうだと判断した場合は、ＰＯＣフェーズから実装フェーズに移行し最終版のＡＩを開発するのである。

世の中のＡＩ開発にはずっとＰＯＣをやっていたり、ＰＯＣで終了（実装フェーズに行かない）ということが多い。これは日本に限らず、世界でもそうかもしれないが、ともかく日本では多い。もちろん、検証すべき事項が多岐にわたっておりＰＯＣに時間がかかることもあり、そのような場合の長期にわたるＰＯＣは意義がある。そうではなく、単に開発をするかの意思決定を迷っているだけのＰＯＣや迷っているのでＰＯＣで止めるということも多いように思える。これも結局は、とりあえずやってみる文化の欠如によるものである。とりあえずやってみることでＡＩの開発を進めることができるのである。

また、当然であるが、とりあえずやってみる組織にするためには、失敗を許容する文化が必要である。しっかり事前に検討したうえでの失敗であれば、それを許容する、それを超えて褒める文化が必要である。

迅速な組織

迅速に動ける組織であることも、ＡＩによるリスク管理の点から重要であるのはいうまでもない。先ほど述べたとおり、事後対応に頼らざるをえないところがあり、事故等により誰かの権利を侵害しているのだから、迅速な行動が必要である。また、いうまでもないがＡＩ導入をうまく進めるうえでも迅速さは重要である。ＡＩ技術の進歩は早い。ゆっくりしていたら、導入しようとしている技術などあっという間に時代遅れの技術になってしまう。

文書をつくる組織？

ＮＩＳＴのフレームワークをみると、至る所に文書化することという記述がみられる。これを読んで、いままでよりしっかりと（つまり、長くて大量の）文書をつくろうと思ったのなら待ってほしい。無駄に文書（誰も読まないような）をつくる必要はない。ＮＩＳＴのフレームワークをみても明らかなとおり、つくったドキュメントは管理フェーズ等の後のフェーズで誰かに読まれる予定である。日本企業では、どう考えても誰も読まない大量の長大なドキュメントがつくられていることが多い。これ以上ドキュメントをつくるのがよいことには思えない。むしろ、誰も読まない無駄なドキュメントを減らしたほうがよいくらいである。

筆者らは世界中のＡＩの専門家（ＡＩ技術の専門家もリスク管理の専門家もいろいろ）と一緒に働いている。彼ら彼女らは、会議を開いても議事録などは作成しない。誰が何をすると決めても、誰が何をするかの確認のメールも来ない。今後の方針等を決めても、メール等で確認などはない。なので、会議を欠席すると、その会議でどんな話がなされたのかまったくわからない。口頭で話をして、それでオシマイということが多い。アメリカ人も同じような状況で、文書をまったくつくらない。つまり、そのような現状を前提にして、

ＮＩＳＴは文書化することをしつこく述べているのである。

3 社会のあり方

次に、ＡＩによる課題を最小化してよりよい社会を築いていくためには、社会全体としてどうあるべきか、少し考えてみる。

コミュニティの必要性

ＮＩＳＴのフレームワークにもあったとおり、コミュニティからの意見というものが重要である。これはバイアスなどを考えるとわかりやすい。女性に対してＡＩの精度が低下する場合、不正確な判定で害を被るのは誤判定をされた個々の女性であるばかりではなく、女性全体にとって、つまり女性コミュニティにとっても害であるということである。よって、女性コミュニティの意見を聞くことで、適切に女性に配慮したＡＩのリスクマネジメントが可能になるのである。

では、どのように女性コミュニティの声を聴けばよいのかというと、多くの女性の支持を受けているNPOやNGOなどがコミュニティの声を代弁していると考えることになる。女性の権利などを研究している大学の研究者でもよいかもしれない。「本当に声を代表しているのか」という根本的な疑問が残るのは認めるが、まあ、ここはひとつ妥協が必要なのだと考えている。ただ、あまり代表になっていない団体もあれば、うまく代表になっている団体もあるのであり、どの団体なり人物がコミュニティの声を代表しているのかということをよく調べ、最もよい代表の意見を聞くことは必要であろう。ただし、ここで自分たちに都合のよい「代表」の声を聴くことがあってはならない。

このように考えていくと、日本ではこのようなNPO、NGOがたしかに存在しているが、AIの開発時に意見を聞ける程度に十分に発達しておらず、また女性などのメジャーな属性の団体はあっても、マイナーなコミュニティを代表する団体が存在しないこともあることに気づく。日本では、NPO、NGOというと、ビジネスをせず金を集めている怪しい団体、政治活動をして金儲けをしている危なそうな団体、しょっちゅう不祥事を起こしている信用できない団体のようなイメージをもつ人もいるのではなかろうか。そのようなこともあり、NPO、NGOが発達していないところがあるかもしれない（なお、アメリカでは、NPOやNGOは存在感があり、意思決定にも大きく関わっている)。

NPO、NGO以外にコミュニティの声を吸い上げる効果的な方法があれば別だが、これでは声を吸い上げることができない。NPO、NGOがより活発につくられ活動できるようにすることが必要であろう。そのためにも、企業等にはNPO、NGOなどをとりあえず活用することが求められよう。

なお、コミュニティの声の代弁者の典型がNPO、NGOのためにNPO、NGOを中心に論じたが、声の代弁者はNPO、NGOに限らない。法人格をもっていない団体(研究会などを名乗っていることが多い)であっても、立派にコミュニティの声を代表していることがある。

ともあれ、コミュニティの声を代表するものを探すことが重要で、「これだ!」というものがなくても、とりあえず、いちばん良いと思える団体なりに意見を聞いてみてはどうだろうか。

失敗の許容

さて、組織のところで、とりあえずやってみる組織、つまり失敗を許す組織の重要性について述べた。これは、社会でも同じで、失敗を許す社会である必要があろう。むろん、ここでの失敗とは、組織の場合と同じで、最善を尽くしたが失敗したという意味である。日本では、一度ビジネスに失敗したら再起がむずかしいのではなかろうか。会社の債務に経営者個人も保証をしているので借金だらけになる。結局、破産をするしかなくなる。破産をしても、融資を受けられず新たな挑戦を行うことがむずかしい。クレジットカードもつくれない（余談であるが、筆者古川が学生の頃に聞いた話なのだが、アメリカでは、破産をすると数日後にクレジットカードの申込書が届くそうである。なぜかというと、日本でもそうだが、一度破産をして債務の免責を得ると、数年間は再度破産により免責が得られない。つまり、数年間は破産しない「安全な」顧客候補と考えているのである。恐るべし）。いろいろなところで白い目でみられ、有形無形の協力を得ることがむずかしくなるなどである。

経営者を例にしたが、別に経営者に限らず、就職に失敗した場合でも不祥事を起こした企業でも同じことである。これでは、結局、とりあえずやってみる社会を実現できず、企業等もとりあえずやってみる組織になれない。失敗に寛容な社会かどうかは、結局は、人々の心のもち方の問題ではないのか。皆で明日から、少しだけでも失敗に寛容になってみてはどうだろうか。

多様な意見の尊重

また、多様な意見を尊重することがＡＩの課題に対応するためには重要である。多様な視点でものを考えるには当然多様な見解を尊重しないといけない。同調圧力というものは他の国でも存在するが、日本では特に強く働く。当然、同調圧力は多様な意見を尊重しない方向に働く。つまり、日本では多様な意見の尊重を口ではいうことがあっても、実際に尊重することが少ない。結局エラい人の意見が尊重され、言っても無駄なので異なる意見がある人も何も言わない。また、周りも「意見を言ってくれるな」という雰囲気を出す。

みんなで、多様な意見を本当に歓迎することが重要である。意見を真摯に聴き、何か取り入れることができないか考えるべきである。また、フラットな組織という点にもかかわるが、エラい人の意見であっても他の意見と同等に扱うべきである。

多角的・グローバルな視野

ＡＩや今後のサイバネティック・アバターなど、未来の話をするときには、理系の人たちだけで話してはならない。哲学、心理学、生物学、歴史学、文化人類学などさまざまな分野の人を入れて、〝みんなで〟どういう社会、未来を築きたいかを語らなければならない。いろいろな分野や文化背景をもつ方々、違う年代の方々と話をしていると、そういう見方があるのか！と目からうろこなことが多く学びが多い。自分が思っていた常識はこのコミュニティでは通用するけれど、他のコミュニティに行くと通用しないということもわかる。未来を生きる若い人たちには、自分のコミュニティに閉じこもらずに、他の分野、そして他の国にも行って学び、グローバルな視野をもってほしい。

何でもかんでも数値化、可視化してはいけない

ＡＩではどんどん数値化できるため、ともすればなんでも「見える化」されてしまう危険性がある。筆者吉永も以前、京都で行われたインターネット・ガバナンス・フォーラムに参加して発言をした際、翌日には話した内容がＡＩによって要約され、１分間に何ワード話したか、全体で何ワード話したか、何分間話したかなどが分析され公開されていた。話した内容の要約ならばそのニーズが理解できるが、スピーチのスピードまで分析することに何の意味があるのだろうか。このような無駄な分析はする必要もない。

人間の脳の記憶容量は、17・５ＴＢ（テラバイト）らしい。「人の噂も七十五日」というが、人間は都合よく忘れるし、すべてのことを記憶していたら、心も崩壊するだろう。し

かし、デジタルはすべてを半永久的に記録できてしまう。ＥＵの個人情報保護規則ＧＤＰＲにはその17条で「消去する権利」(Right to erasure)、通称「忘れられる権利」('right to be forgotten')が書かれているが、ＡＩ時代はこの権利がますます重要になってくる。ありとあらゆるものが数値化できてしまい分析できてしまうからだ。

第8章の「人間の『知りたい』という欲求とどうバランスをとるか」で書いたが、数値化しなくてよいものまでも数値化すると世知辛い世の中になる。感情を読み取れるＡＩがあれば、本当はまずいと思っているのにこの人はおいしいと言ったんだなとか、この人はニコニコ仕事をしているけど、内心ではこんなのくだらねー！と思っているんだなとかがわかってしまい、世の中ギスギスしてまわらなくなる。「嘘も方便」は円滑な社会や人間関係にするためには時として必要なのである。

その人の疲れ具合まで数値化して他人に知らせる必要はない。数値化すると、それこそドラゴンボールの「戦闘能力」の世界になってしまう。

何を数値化すべきか、してもよいか、よくないかはそのつど、その意味合いや効果、それがもたらす帰結、弊害までを考えて行う必要がある。

ウェルビーイングな社会

テクノロジーによって人間はラクになり、余暇が増えるということが長年いわれてきたが、果たしてそうか。インターネット、電子メール、ＳＮＳでますます人間は忙しくなっているのではないか？　ＡＩによってどんどん作業効率が増すと、それをチェックするために人間はさらに忙しくなる。人間は便利なことを経験してしまうと、その前の状態には戻れない。忙しさゆえに、自分の「分身」（アバター）を使って仕事をしたいというニーズも出てきた。例えば、自分の６つの分身を物理空間や仮想空間において働かせるのである。それが本当に自分がラクになることにつながるのか、心の豊かさにつながるのかを慎重に考えながら上手に活用していかなければならない。間違えた使い方をすれば、自己を破壊することになりかねない。合理主義や効率主義にとらわれすぎず、人間のウェルビーイング（身体的・精神的・社会的に良好な状態にあり、満たされること）である社会を目指すべきである。この点、北欧諸国は、１つのよい参考例となる。「世界幸福度ランキング」でいつも上位に位置し、また、１人当りのＧＤＰも高い水準で推移している。北欧では、家族優先、生産性を高めるために休息もしっかりとるという意識があるという。仕事優先で睡眠を削ってでも長時間労働が美徳とされてきた日本とは正反対にある。睡眠不足だと生産性向上はおろか、アイディアもイノベーションも生まれないだろう。日本人は世界的にみても睡眠時間が少ないという結果もある。また、睡眠不足だと表情が乏しくなったり、挨拶をしなくなったり、怒りっぽくなったりして、人間関係にも悪影響を及ぼす。北欧型にするには、そろそろガラリと社会的な構造変革が必要だが、まずは、メリハリをつけて、短時間で仕事をすませ、あとは余暇に充てるということを、官公庁をはじめ、個々の企業や個人が〝意識的に〟行うことは必要だろう。アイスランドでは、週休3日制を取り入れた実験をしたところ、生産性の低下はみられず、幸福度が上昇したという。アメリカでも週休3日制を導入する企業が増えてきたが、特に生産性は低下していないという。イタリアやフランスでは、夏休みが長いが、1人当りのGDPは、むしろ日本よりも高い。日本の生産性が低いのはなぜか。パソナ・パナソニックビジネスサービス株式会社のウェブサイトによると、「長時間労働の常態化やデジタル化の遅れ、モチベーションの低下、給与体系が時間基準であること」であるという（2023年6月）。そうすると休みを増やして、働くときは働くというライフスタイルのほうがよいのではないか。同じ人間なので、日本人ができないはずはない。やろうとしないだけである。

また、いろいろな働き方を認めるということである。「ダイバーシティ&インクルージョン」という言葉が叫ばれてから、働き方にも多様性があってよいといいながら、日本では真の意味で取り組めている企業は少ない。そういう名目を掲げながらも、依然として「出社」することを暗に求めたり、オフィスにいる時間数やパソコンを触っている時間数で評価したりしている企業は多い。つまり上記でいう「給与体系が時間基準であること」である。育児や介護という事情があって、通勤する時間も考慮すると自宅で仕事をするほうが生産性向上につながるかもしれないのに、成果がまったく出ていないならばともかく、出社日数やパソコンを触っている時間数だけをとらえてその時間が少ないからという理由で問題にするのは言語道断である。成果主義への移行が叫ばれてから久しいが、そろそろ長時間労働が美徳という慣習から抜け出さないと幸福度にはなかなかつながらない。

社会問題を気にする社会

また、社会問題を気にして声をあげる人が増える必要がある。ＡＩによる差別等の問題は、いまそこでたしかに発生しているにもかかわらず、社会からあまり声があがってこず、企業等としても対応する価値があるのか迷ってしまうのである。

ＡＩのリスクを最小化するために監視する団体をつくることなどもあってよいであろ

う。国の機関として公的機関になるのか、NPO、NGOになるのか、産業分野ごとに業界団体がそのような機能を担うのか、設計方法はいろいろあるが、このような団体が監視を行い、かつ情報収集することが重要である。

AIに関する問題は、AIの技術発展等の速度が速いこともあり、国等であっても十分な情報をもっていることが少ない。よって、AIのリスクについて監視を行い情報収集を行う団体を設けることが重要であろう。

第10章

国に求められること

1

行き過ぎる規制によってイノベーションを阻害しないために

わが国では、イノベーションを阻害しないために、第5章でみてきたように法的拘束力がないガイドラインというかたちで示すなど、ソフトローアプローチを現在採用している。しかし、いずれ、いろいろな問題が起きた時にハードローで対応せざるをえなくなってくることもあるだろう。個人情報保護法においては、EUのGDPRができてからわが国もそれに準ずべく改正に改正を重ねてきた。そして、企業の現場においては、GDPRに対応することに疲弊してきた。AIを開発する現場で個人情報保護法がボトルネックになったりもしている。

わが国では民間分野における包括的な個人情報保護法は2003年に成立したが、もともとはOECDの8原則をもとにつくられたものだった。その後、GDPRがEUで成立すると、わが国の個人情報保護法もそれを模倣すべく厳しい法律となっていった。もともとの立法趣旨は自分の「個人情報」（例えば住所）が自分の知らないところで暴露されて生命や財産、プライバシーが脅かされたり、名簿やDM等が勝手に大量に送られてくる迷惑行為を阻止したりするもののためにできたはずである。

企業が収集しても当該企業がAさんの個人情報を大量に集めて分析していても、他人に対して知られたくない情報がみられたり、悪い方向で暴露されたりしない限り知るよしもないのである。アメリカでは包括的な個人情報保護法はないし、GmailやFacebook、X(旧Twitter)等、無料で提供している対価として世界中から大量に個人情報を収集し続けてマーケティング等に利用されている。GAFAが強いゆえんはそれである。

包括的な個人情報保護法は必要だが、いまいちど2003年当初の立法趣旨に立ち返り、本来、保護すべきことは何かを考え直す時期にも来ているかもしれない。

AIの規制においては、GDPRの二の舞になるのではなく、AIに関しては技術の進み具合や適用例をみながら必要に応じて対応していくのがよい。そのため、経済産業省がいっているように、試行錯誤を繰り返しながら柔軟に迅速に対応する「アジャイル・ガバナンス」が必要なのである。

日本では、2005年にそれまでの情報セキュリティに関する事故を受けて、経済産業省が主導で「情報セキュリティガバナンス」という枠組みをつくった。「情報セキュリティガバナンス」とは、「コーポレート・ガバナンスと、それを支えるメカニズムである内部統制の仕組みを、情報セキュリティの観点から企業内に構築・運用すること」（経済産業省「情報セキュリティガバナンスの概念・定義」）をいうが、企業は、「IT社会を構成する一員としての立場からも情報セキュリティ対策に取り組む責務がある」とともに、政府は「企業による自主的な情報セキュリティ対策の取組みを促す環境の整備を支援する」という枠組みである（同資料）。そして施策ツールとして、①「情報セキュリティベンチマーク」（40問余りの質問に答えることで組織の情報セキュリティ対策の長所・短所を概観できる）、②ITに関する「事業継続（BCP）策定ガイダンス」、③企業の情報セキュリティへの取組みを対外的に表明するための「情報セキュリティ報告書モデル」等を提供している。これによって、企業において情報セキュリティを守るということが定着したといえる。

したがって、AIに関しても同様な取組みが考えられる。特に対外的に発表するAIポリシー、内部的な行動基準やチェック項目をつくっておくことは有用であると考えられる。

2　分野横断的なＡＩを所管する組織の必要性

筆者吉永はかねてより分野横断的にみてＡＩを所管する「ＡＩ庁」なるものが必要だと考えてきたが、わが国では、まずデジタル化が遅れているということがわかり、２０２１年９月１日に「デジタル庁」ができた。アメリカでは、省庁横断的なＡＩをみるNational Artificial Intelligence Initiative Officeが２０２１年１月12日に設立されている。アメリカ政府では省庁ごとにＡＩの問題も扱っているが、分野横断的な組織としてホワイトハウスに置いたのである。またイギリスでも、特に中小企業からの声として、現在のセクターごとの規制のパッチワークは、かえってイノベーションを阻害するとの理由で、ビジネスにおける確実性を上げ投資を活性化させるために、セクター間のＡＩ規制の調整を行う組織を中央に置くことが２０２２年のポリシーペーパーへのパブコメで求められていた。そのため、２０２３年３月に出されたＡＩ白書では、一貫したフレームワークとなるように各セクター間の規制の差の問題に対応して、調整、モニタリングやリスクの評価を行うメカニズムを導入するとした（あとがき注：２０２４年２月に発表された２０２３年３月の白書へのパブコメに対する政府の回答では、調整を強化し、政府および規制機関の担当者から成る運営委員会を2024年春までに立ち上げ、デジタル規制協調フォーラムを通じて規制当局間の調整をサポートするとしている。また、すべての省庁にAI担当リーダーを設置することと、新しく省庁横断的グループをつくるということも発表された）。

日本では、情報セキュリティの分野では、省庁横断の機能を使命とした「内閣サイバーセキュリティセンター」（NISC）がある。例えば、そこが省庁横断的に情報セキュリティに加えて、AIの問題を扱う役割を担うことも考えられるだろう。

3 インシデントの共有体制

AIによる事故（インシデント）は今後、起きる。事故とまではいえない「ヒヤリハット」の情報をも横断的に共有して分析しておくのは、今後、他の分野における予防的意味でも起きた際の対処法の参考としても重要である。そこで、例えば、情報セキュリティに関しては、わが国ではJPCERT／CCがインシデント情報を集め、分析し、関連機関に周知しているように、ＡＩでも同様のことを行うことが望ましい。インシデントを分野ごとにデータベース化し、さらに、国内に閉じず、海外の関連機関とそうした情報を共有しておくことは必要である。

4　ＡＩ兵器を開発・利活用しない

すべての国がＡＩを兵器に活用しないことに合意すればよいが、昨今の国際情勢をみたらこの合意はむずかしいだろう。

現在、ＡＩを搭載し、人間の関与なしに自律的に攻撃目標を設定することができ、致死性を有する「完全自律型兵器」（LAWS: Lethal Autonomous Weapons Systems）に関する国際社会の共通認識の形成を目指す目的で、特定通常兵器使用禁止制限条約（ＣＣＷ）の枠組みのもと、政府専門家会合で議論されている。日本の立場は、いまのところ、「人間の関与が及ばない完全自律型の致死性兵器の開発を行う意図はなく、また、当然のことながら国際法や国内法により使用が認められない装備品の研究開発を行うことはありません。

一方で、自律性を有する兵器システムは、ヒューマンエラーの減少、省力化・省人化といった安全保障上の意義を有することから、今後も、主要国を含め、広く国際社会において共通の認識が得られるよう、我が国自身の安全保障の観点も考慮しつつ、引き続き、国際的なルール作りに積極的かつ建設的に参加していく考えです。」としている（外務省「通常兵器の軍縮及び過剰な蓄積禁止に関する我が国の取組―自律型致死兵器システム（LAWS）について」2023年5月25日）。

2023年9月27日の報道によると、アメリカが核兵器使用をAIに任せず人が関与し、兵器は国際人権法に合致させるよう求める規則案を国連に提出すると発表した。1984年のハリウッド映画『ターミネーター』では、AIによる暴走で核兵器戦争が起きるシーンがあるが、技術的な進歩によりその脅威が現実的に予測できるようになったいま、その技術をもつアメリカ主導で提案することは意義深い。

2023年、G7が、原爆が投下された広島で開催され、AIの規制についても「広島AIプロセス」で国際社会と決めていくとされた。唯一の被爆国で、平和憲法を有する日本としての役割は、自律型のAIが兵器に用いられることのないように国際社会で働きかけていくということかもしれない。

5 ガイドラインの制定

この本をいままで読んでこられた方は気づいておられるだろうが、筆者2人ともEUのような強制力のある法律で、AIを直接規制することに反対である。ただ、国がまったくルールをつくらなくてよいわけではなく、強制力のないガイドライン等によるルールづくりが適切と考えている。

よって、政府はAIを適切に利活用し、リスクを最低限に抑えるためのガイドラインを制定するべきである。日本政府は、「人間中心のAI社会原則」（内閣府）、「AI開発ガイドライン案」（総務省）、「AI利活用ガイドライン」（総務省）、「AI原則実践のためのガバナンス・ガイドライン」（経済産業省）を公表している。しかし、最後のガバナンス・ガイドライン以外はすべて古いこともあり（2019年頃のガイドラインであり、AI業界では古いものとして扱われる）、総務省と経済産業省が合同で、「AI事業者ガイドライン案」を作成している。

6 ＡＩの使い方に関する周知と教育

ＡＩのリスクや正しい使い方についての周知や教育も政府の役割といえる。これは政府にとって最も重要な役割である。さまざまなリスクも、ＡＩのユーザー等がしっかりと知識をもっていれば、かなりの部分は対処ができるのである。前の章で企業が行うべきことを述べたが、これもＡＩに関するリスク等を知っていないと、行われることはない。

7 ＡＩのリスクをふまえた政府調達基準の整備

政府がＡＩを調達することもある。この際にＡＩのリスクを考えた調達基準を用いるべきである。日本のＩＴ産業は、下請構造が顕著である。政府と契約する超大手ＩＴ企業が政府調達基準を守るために、多数の下請けに同様の基準の遵守を求めることで、また当該下請けが孫請けに同じような基準の遵守を求めることで、日本のＩＴ業界に一定の組織体制の整備やＡＩによるリスクに取り組もうとする動きが活発化するものと考えられる。

世界経済フォーラムは「AI Government Procurement Guidelines」というドキュメントを２０１９年にリリースし、政府調達にＡＩによるリスクを考慮することの重要性や、その際の注意点を述べている。またイギリス政府も「Guidelines for AI Procurement」を２０２０年にリリースしている。また、カナダでもＡＩの政府調達基準の整備がなされている。さらにＥＵでもＡＩ法案を反映した公的機関による調達に関する契約条項案が作成中である。

8 先ず、隗より始めよ

ＡＩのリスク対策で重要なことは、まず、公的機関からこれを始めることである。そして、リスク対策を行っていることを公にし、また得られたノウハウや知見を公開し、これらを社会に共有することはきわめて重要である。企業の場合はノウハウや競合企業との関係でこれらの共有をためらうかもしれないが、政府の場合は、そのようなためらいは少ないはずである。

ただ、現在の日本では国や地方自治体によるＡＩの導入は進んでいない。統計値などをもっているわけではないが、おそらく私的企業からみるとかなり遅れているのではないか。このようにＡＩの導入自体が少ないと政府等としてＡＩ倫理に取り組んでいることを示す機会が当然少なくなる。公的機関には独特の規制やしがらみがあり、このためなかなかＡＩ導入が進まないという話を聞くことがあるが、このようなことをいっているようでは、いつまでもＡＩ導入は進まない。独自の規制やしがらみは、何も公的機関に限った話ではなく、企業においても、独特の規制やしがらみがあるのである。これらを突破して、企業がＡＩ導入を行おうとしているのに、政府がこれらを理由に尻込みしているというのでは話にならない。これは公的機関に限った話ではないのだが、「独自の規制」「独自の取引慣行」「独特のしがらみ」等を理由にＡＩ導入に尻込みする例がみられるが、独自の規制等があるのは他の業界も同じである。自分たちの状況は特殊であると人間は考えがちなのだが、よく比較してみると別に大して特殊でもないことが多い。周りをよくみて、周りの状況をよく知る必要がある。

「先ず、隗より始めよ」とは司馬遷による古代中国の歴史書「史記」からのことわざである。筆者古川が史記を好きなため、完全に余談だが説明すると、このことわざの舞台になったのは、古代中国の戦国時代（秦の始皇帝による統一の前の戦乱の時代である）、北東部の燕の国であり、当時の王は昭王であった。昭王の父、燕王噲の時代、燕王噲が能力に乏しい王であり国が乱れ内乱となった。これに乗じて隣国の大国斉が燕に攻め入り、燕は大敗を喫し、燕王噲も討ち死にした。国力の低下した燕を継いだ昭王は斉に報復をしようと、謙虚にふるまい、多くの財産を与えて賢者を招こうと考えた。そこで、郭隗という人物にどうすればよいか相談したところ、郭隗は、「まず、（郭）隗より始めてください。そうすれば、わたし以上の賢者が遠方からいくらでも集まるでしょう」と答えたのである。そこで、昭王は郭隗を師として仕え、彼のために宮殿を改装する等手厚くもてなした。つまり、ことわざとしては「大きなことをしたければ、まず、手近なところから手をつけよ」という意味である。

なお余談を続けると、この結果、燕には多くの賢者がやってくることになり、そのなかの1人の楽毅は、後に、斉に攻め入り、当時の斉は秦とともに他の国を圧倒する二大大国であったにもかかわらず、2つの城を除き、残りの斉の城70余りをすべて占領し、斉を滅亡寸前まで追い込むことになるのである（ただし、最後は昭王が、おそらく年齢のため、没してしまい、太子の恵王が即位するのだが、恵王は昔から楽毅と仲が悪く、裏切りを疑い、楽毅を解任したため、斉は勢力を盛り返し、国土を回復することになる)。

手近なことから始めるだけでも、しっかりと取り組めば、歴史的な事業を成し遂げることができるのである。わが国の政府、企業、社会もこの点を念頭に置いて、AIに関する取組みを行う必要があろう。

さて、春秋戦国時代に言及したのは、(またもや余談になるが)もう一つ理由がある。ハードロー(法律)で規制するのかソフトロー(倫理)で規制するのかという何度も本書で登場した議論に関してである。このような議論は、今日的な議論であるかに思え、1900年代半ば以降のアメリカ等の議論を参考にすることが多いのだが、実は、このような議論は大昔から存在している(今までモヤモヤと感じていたことが、最終原稿確定直前に明確になった!)。すなわち、中国戦国時代の儒家と法家の議論である。儒家は孔子を中心とした思想集団であり、徳に基づく政治を目指し、社会は礼に従うべきと考えた。礼とは、社会秩序や社会規範であり、要は社会規範に基づくソフトローである。対して、法家は、韓非子などを中心とする思想集団であり、厳格な法、すなわちハードローによる明確な統治を重視した。実に2000年以上前に、すでに本書で議論したことが議論されていたとは驚くべきことではないか。

その後、秦の始皇帝が法家の思想を採用し、漢王朝でも法家の思想は、明示的ではないが受け継がれていった。他方で、漢王朝は儒教を国教化し、中国で広く儒教が受け入れられていった。その後、日本も儒教を受容し、時代とともに社会に広まっていった。ソフトローを重視する儒教が広まっていたということは、日本においてソフトローによるガバナンスを機能させる下地が、実はそろっているのかもしれない。

AIのリスク統制という最先端の問題でも、実は2000年以上前に議論されていたことが大いに参考になりうるのである。やはり、古典をしっかりと学ぶ必要があるといえる。筆者古川自身も、このような思想史を勉強し直したいと思う。

おわりに

筆者（吉永）はかつて1980年代後半に、アメリカのテキサス州ヒューストンの小学校で、アップルコンピュータを使って作文やゲームづくりをした。そのときの〝ワクワク感〟が、およそ35年近くの時を経て、AIのさまざまな開発や利活用をみるにつけ私のなかで再び起きている。テクノロジーの進化のスピードはこれまでより速く、ChatGPT等、生成AIができることに驚きとともに、AIがもたらすさまざまな弊害への不安がある。そこで見失ってはいけないのは、「人間らしさ」ではないだろうか。AIはあくまでもツールであり、人間の身体、善良な心に危害をもたらすようなものではいけない。これまでにも増して開発者側も利用者側も高い倫理観が求められる。

かつて、テクノロジーが進歩すれば人間はラクになるとか、人間の余暇が増えるということがいわれたが、実際は逆である。人々は毎日、何十通、いや何百通の膨大なメールを送受信し、SNSで常時やりとりをしている。SNSはたしかに自己の「表現の自由」を具現化する場所を与えてはくれたが、昔はやらなくてもよかったことをやることによって、あるいはやらなければならない状況に追い込まれていることによって自らを忙しくしているのである。東京の電車内でスマホをいじっていない人はいない。

私が情報法を勉強してみたいと思ったのは、デジタルの分野で文化勲章を受章し、国立情報学研究所の初代所長であった伯父の故・猪瀬博からデジタルがもたらす可能性を聞いたのがきっかけであるが、忙しい伯父はそういえば、電子メールをチェックする時間を決めていて、デジタル分野が仕事であるにもかかわらず、コンピュータを常にみないように心がけていた。伯父は座右の銘を「Festina Lente（ゆっくり急げ）」としていたが、大学生の当時、これを聞いたときは意味がよくわからなかった。でも、いまは、なんとなくわかる気がする。盲目的に、加速的にテクノロジーを発展させるのではなく、じっくり、着実に、何が人間にとってよいものかを見極めながらそして技術がもたらすよい点とともに欠点も理解しながら歩みなさいという意味だといまは思っている。

本書は、ＡＩがもたらすリスクと可能性を皆様と一緒に考えてみたいと思って執筆したものである。すべての点を網羅できていないと思うが、ＡＩについて考える際のきっかけや一助となれば幸いである。今後、私たちの想像が及ばぬＡＩ、テクノロジーが登場するだろう。AIを搭載したロボット、自分の分身であるサイバネティック・アバター、デジタルツイン等これからも技術は進化していく。そのときも常にリスクと個人・社会への利益を考えながらそのつど、よい道を選択していかなければならない。人間はテクノロジーによってコントロールされるのではなく、人間自らがテクノロジーにコントロールを及ぼしながら、自分たちにとって最善の方法で活用していかなければならない。明るい未来のために、私たち1人ひとりが、新技術がもたらすリスクや可能性を常に考えていかなければならないと思っている。

最後に、古川弁護士には今回このようなおもしろい企画に誘っていただき、感謝申し上げたい。古川先生とは、これまでもいろいろな場でAIに関して意見交換をしたが、いつも何かと同じ意見だった（と私は勝手ながら思っている）。そのため、本書を共著することは楽しかったし、お互い執筆した部分をクロスチェックしたり、さらに議論したりすることによって自分自身も理解を深めることができた。そして、この企画をいただいたのが2023年8月で、本来ならば1カ月程度で書く約束をしていたにもかかわらず、原稿が遅れがちでもいつもニコニコしながら辛抱強く、そして適宜、適切なご助言をいただいた編集者の池田知弘氏、読者目線に立って数々の適切なコメントや提案のみならず、「ここはおもしろいです」と励ましてくださった編集者の西田侑加氏に感謝申し上げたい。

謝　辞

本研究は、ＪＳＴムーンショット型研究開発事業、ＪＰＭＪＭＳ２２１５の支援を受けたものである。

筆者を代表して

吉永　京子

なお、本稿は２０２３年12月に執筆を完了している。その後のさまざまなガイドライン等のリリース等については、ゲラ修正の形で一部盛り込んでいる。不完全な形での盛り込みになるがご容赦願いたい。

【執筆者紹介】

古川　直裕（ふるかわ　なおひろ）

弁護士、株式会社ＡＢＥＪＡ所属

情報処理安全確保支援士、スクラムマスター

東京大学法学部、東京大学法科大学院を卒業後、弁護士事務所所属の弁護士を経て、インハウス弁護士に転身。その後、約3年間にわたりＡＩ研究・開発に従事し、ＡＩの企画、データ収集および前処理、モデル実装・学習、性能評価などＡＩ開発のほぼすべての過程を行う。また、ＡＩ開発チームを組織し、チームリーダーとして画像解析ＡＩを中心に自らプログラムを書いてＡＩ開発に従事する。２０２０年2月から現職。ＡＩに関する法務および倫理を主に取り扱い、ＡＩ倫理コンサルティングの提供を行っている。

ＡＩ法研究会設立者、代表。２０２３年1月から、Global Partnership on AIの専門家委員。日本ディープラーニング協会における多数の研究会の委員また人材育成委員会のG委員。経産省ＡＩ事業者ガイドラインWG構成員、特許庁オープンイノベーション促進のためのモデル契約書（ＯＩモデル契約書）ver2.1ＡＩ編検討委員。

〈主な著書・論文〉

「ＡＩのリスクメネジメント」（ＮＢＬ１２６３号、２０２４年）、『深層学習教科書 ディープラーニング Ｇ検定（ジェネラリスト）公式テキスト 第3版』（共著、翔泳社、２０２４年）、『ＡＩプロファイリングの法律問題―ＡＩ時代の個人情報・プライバシー』（共編著、商事法務、２０２３年）、

『ChatGPTの法律』（共著、中央経済社、2023年）、『ディープラーニングG検定〈ジェネラリスト〉法律・倫理テキスト』（編著、技術評論社、2023年）、「AIと「法務の仕事」の未来」（共著、NBL1246号）、『Q&A　AIの法務と倫理』（共著、中央経済社、2021年）、『サイバーセキュリティ法務』（共編著、商事法務、2021年）など。

吉永　京子（よしなが　きょうこ）（旧姓　土屋）

慶應義塾大学大学院　政策・メディア研究科　特任准教授

東京大学大学院法学政治学研究科修士課程修了。三菱総合研究所の研究員として、情報通信・メディア・情報セキュリティの分野で政策立案支援や法制度改正に長年、関わったほか、同社のAI事業推進のポリシー策定や、企業向けAI開発事業の現場でコンプライアンス・リスクマネジメントを担当。2023年10月から現職。ジョージタウン大学ロースクールのテクノロジー法・政策研究所のNon-Resident Fellow、東京大学未来ビジョン研究センター客員研究員、Global Partnership on AIの専門家委員（「働きかたの未来」ワーキンググループ所属、データガバナンスワーキンググループのco-generated dataプロジェクトの共同リーダー）も務める。

政府の委員としては、経済産業省AI事業者ガイドライン検討会委員、GPAI国内検討会委員を務めた。専門は情報法、情報通信・メディア・情報セキュリティ政策、AIガバナンス、AIの法と倫理。

初めての日本人の客員研究員として、イェール大学ロースクール情報社会プロジェクト（Yale ISP）（2010年7月～2011年5月）とジョージタウン大学ロースクールテクノロジー法・政策研究所（2020年9月～）に所属し、最先端の情報通信技術やAIに関して国会議員やGAFAを含む

ＩＴ・ＡＩ企業、ＮＰＯ、世界中から集まる研究者等との議論に参加、研究に従事。ジョージタウンでは、「ＡＩガバナンス・シンポジウム」のシリーズをイェール大学とともに立ち上げ、各種ＡＩガバナンスのパネルを企画・実施している。

幼少期を含みアメリカとイギリスで合計11年半を過ごす。二児の母。


〈主な著書・論文〉

「教育現場における生成ＡＩの活用―米国ロースクールにおける生成ＡＩの取り組みの紹介と法学教育における生成ＡＩ利活用に関する一考察」『特集／生成ＡＩの法的課題と実務』有斐閣ＯＮＬＩＮＥ（２０２４年1月29日）、Jason D. Schloetzer & Kyoko Yoshinaga, Algorithmic Hiring Systems : Implications and Recommendations for Organisations and Policymakers, YSEC Yearbook of Socio-Economic Constitutions 2023 – Law and the Governance of Artificial Intelligence, Springer (November 2023)、『ＡＩプロファイリングの法律問題―ＡＩ時代の個人情報・プライバシー』（共著、商事法務、２０２３年）、『スリーエックス―革新的なテクノロジーとコミュニティがもたらす未来』（共著、ダイヤモンド社、２０２１年）、『フロネシス22号　13番目の人類』（共著、ダイヤモンド社、２０２０年）など。

責任あるAIとルール

2024年５月15日　第１刷発行

著　者　古　川　直　裕
　　　　吉　永　京　子
発行者　加　藤　一　浩

〒160-8519　東京都新宿区南元町19
発　行　所　一般社団法人 金融財政事情研究会
出 版 部　TEL 03(3355)2251　FAX 03(3357)7416
販売受付　TEL 03(3358)2891　FAX 03(3358)0037
URL https://www.kinzai.jp/

校正：株式会社友人社／印刷：株式会社光邦

ISBN978-4-322-14448-2